Bibliografische Information der Deutschen Nationalbibliothek:
Die Deutsche Nationalbibliothek verzeichnet diese Publikation in der
Deutschen Nationalbibliografie; detaillierte bibliografische Daten sind
im Internet über http://dnb.d-nb.de abrufbar.

Umschlaggestaltung, Satz und Layout: Volker Knehr
Titel-Foto: by Fotolia.de

© 2010 Knehr Seminare - Institut für kreative Selbstentfaltung
Dettingen/Erms

Herstellung und Verlag: Books on Demand GmbH, Norderstedt.
ISBN: 978-3-8423-2756-6

Volker Knehr

Das mentale Navigationssystem

So programmieren Sie sich auf
Glück und Erfolg in allen Lebenslagen!

Inhalt

Einleitung

Endlich: Eine Anleitung für Glück und Erfolg

Keiner kann das verändern, was gestern war.
Aber wir alle können beeinflussen, was morgen sein wird.

Colin Powell
Ehemaliger Außenminister der USA

Mit diesem Buch halten Sie eine Bedienungsanleitung in der Hand, um all das in Ihr Leben zu ziehen, was Sie sich wünschen. Eine Anleitung, um Ihr Leben in allen Bereichen selbst zu steuern und zu bestimmen. Sie lernen Methoden kennen, um ein Leben in Harmonie, Glück, Erfolg und Lebensfreude zu führen.

Für alles im Leben gibt es eine Bedienungsanleitung. Beim Auto angefangen, über Kühlschrank, Toaster, Waschmaschine, Handy, Fernseher, bis hin zu Computern und sogar Pfannen. Nur für das Leben selbst und für uns Menschen gibt es solche Anleitungen leider nicht, obwohl genau hier sicherlich größter Bedarf besteht. In der Schule haben wir Dinge gelernt, wie den Satz des Pythagoras, wie lange die Donau ist, oder wann Napoleon gestorben ist. Unwichtige Dinge, die der Großteil im Laufe des weiteren Lebens nie mehr benötigt. Wo aber wurde uns beigebracht, wie man optimal mit Geld umgeht, wie man sein Denkinstrument auf Erfolg programmiert, wie man seine Emotionen steuert, wie man erfüllte Beziehungen führt, Kinder richtig erzieht oder einfach nur ein glückliches Leben führt? Weder hat man uns das in der Schule beigebracht, noch gibt es hierfür eine Bedienungsanleitung. Und weil uns das niemand beigebracht hat, erfahren wir eine Krise nach der anderen und wundern uns, weshalb das Leben ständig „Mensch ärgere dich nicht" mit uns spielt.

Ich glaube, dass die meisten Menschen weit unter ihren tatsächlichen Möglichkeiten und Fähigkeiten leben, dass Potentiale weder erkannt noch genutzt werden, und dass der Selbstzweifel der größte Feind des Menschen ist. Die Folge davon sind negative Emotionen wie Unzufriedenheit, Traurigkeit, Mangel, Armut, Wut, Verzweiflung und fehlende Lebensfreude. Unsere Erfahrung zeigt, dass jeder Mensch über alle Eigenschaften und Ressourcen verfügt, um aus seinem Leben ein wahres Meisterwerk zu machen, was wir durch unsere Seminare auch immer und immer wieder bestätigt bekommen.

Leider wurde uns dies in der Vergangenheit so nicht beigebracht. Wie oft wurden wir denn von unserer direkten Umwelt dazu ermutigt, große Dinge zu erreichen oder zu wagen? Wie oft haben wir von unseren Eltern Aussagen gehört, wie:

»Du hast die Fähigkeiten, alles zu erreichen, was du möchtest. Grenzen existieren nur in unseren Köpfen, daher ist alles möglich. Es ist dein natürliches Geburtsrecht, glücklich und erfolgreich zu sein, du brauchst dein geistiges Erbe nur in Besitz zu nehmen. Du bist ein Magnet für Glück und Erfolg und kein Hindernis wird dich je aufhalten können. Was immer du denken kannst, kannst du auch erreichen. Das Leben ist ein Spiel, in dem du die Hauptrolle spielst und wo du von einem Höhepunkt zum nächsten gelangst. Erinnere dich immer daran, dass du alles sein, haben oder tun kannst, du musst dich nur dafür entscheiden! «

- Wie oft haben Sie solche ermutigenden Sätze gehört?
- Wie oft wurde Ihnen gesagt, wie großartig Sie sind?
- Wie oft wurden Sie darin unterstützt, Großes zu erreichen?

Stattdessen erfuhren wir permanente Entmutigungen. Nach einer Studie der Harvard University werden dem durchschnittlichen Amerikaner von seiner direkten Umwelt bis zum 18. Lebensjahr ca. 150.000 negative Suggestionen eingeimpft. Aussagen wie: „Das schaffst du nicht! Das ist zu schwierig für dich. Wenn das so einfach wäre, würde es doch jeder machen. Du bist noch zu jung. Du bist viel zu alt. Du bist nicht intelligent genug." Es ist sehr unwahrscheinlich, dass wir Europäer bei einer ähnlichen Studie viel besser abschneiden würden, wir müssen uns nur die griesgrämigen Gesichter derjenigen betrachten, die uns täglich begegnen - da wird jeder Horrorfilm überflüssig. Aber wen wundert's? Wir müssen nur auf unsere eigene Kindheit und Vergangenheit zurückblicken, dann wissen wir, mit welchen Sätzen und Suggestionen wir selbst konditioniert und wie ein kleines Hündchen abgerichtet wurden. ☺

Diese negativen Konditionierungen führten letztendlich zu einschränkenden, blockierenden und sabotierenden Überzeugungen über uns selbst, unsere Fähigkeiten und unsere Talente. Und so ist es nicht verwunderlich, dass die meisten Menschen sich mit ihrem Leben arrangiert haben und sich einreden, zufrieden zu sein. Nicht selten besteht der Höhepunkt eines Jahres in dem alljährlichen Sommer- oder Winterurlaub. Komischerweise werden über das Jahr verteilt nicht annähernd so viele Streitgespräche geführt, wie im Urlaub – der schönsten Zeit des Jahres – so jedenfalls vermitteln uns dies unterschiedliche Studien.
Wow, ein echt geiles Leben! ☺

Jetzt mach ich Ihnen erst einmal den Mund etwas wässrig!

Dieses Buch bietet Ihnen eine großartige Chance, Ihr Leben zu verändern. Am Ende dieses Buches werden Sie genau wissen, wie Sie Ihr Denken, Ihre Emotionen, Ihre Entscheidungen, Ihr Verhalten und Ihre Ergebnisse nach Ihren Wünschen verändern und lenken können. Sie werden Ihr „mentales Navigationssystem" kennen lernen und auch, wie Sie dieses System auf Lebensfreude-kurs programmieren können. Sie werden Möglichkeiten kennen lernen, wie Sie negative Emotionen oft in wenigen Minuten dauerhaft auflösen können, auch wenn Sie diesen emotionalen Ballast schon Jahre mit sich herumschleppen. Sie werden Strategien kennen lernen, um endlich aus Ihrer Komfort- und Bequemlichkeitszone auszubrechen, und Sie werden am Ende dieses Buches wissen, wie man die Vergangenheit endlich dort lässt, wo Sie hingehört - nämlich in der Vergangenheit, anstatt diese ständig zur Gegenwart zu machen. Sie werden in der Lage sein, Ihr Leben völlig auf den Kopf zu stellen – natürlich nur, wenn Sie dies wünschen! ☺

Kommen Sie endlich aus den Hüften

Wenn Sie ihr Leben wirklich verändern wollen, dann ist es notwendig, dass Sie aus den Hüften kommen und endlich die erforderlichen und not-wendigen Schritte unternehmen. ☺ Bücherwürmer und Seminarjunkies, die sich einfach nur berieseln lassen möchten und darauf hoffen, dass sich ihr Leben ohne eigenes Zutun verändert, gibt es schon zuhauf. Reihen Sie sich bitte nicht in diese Gesellschaft der Träumer ein, Sie würden sich nur unnötigen Frust aufbürden. Entscheiden Sie sich jetzt dazu, dieser Bedienungsanleitung zu folgen und Sie entscheiden sich für ein völlig neues Lebensgefühl. Machen Sie sich jetzt ein für alle mal bewusst: „Die Hoffnung, dass irgendwann mal einer daher kommt, Ihnen die Hand auflegt und sich ab da Ihr Leben von alleine ändert, also ohne Ihr Zutun, können Sie jetzt getrost begraben!" Also entscheiden Sie sich jetzt dafür, Ihr Leben selbst zu verändern (das macht auch viel mehr Spaß ☺).

Besorgen Sie sich zuerst einen Stift, mit dem Sie gerne schreiben (am besten mehrere Stifte in unterschiedlichen Farben) und zwei leere DIN A5 Bücher, (in dem Schreiben Spaß macht) sowie einen kleinen Notizblock. Ebenso einen A4 Block und kleine Karteikarten in grün und rot.

Bitte lesen Sie erst dann das erste Kapitel (sowie den Rest), wenn Sie sich das Material besorgt haben und versuchen Sie nicht schon wieder, eine Abkürzung zu nehmen. Wenn Sie das Buch einfach nur durchlesen und die Übungen nicht nach Anweisungen durchführen, werden Sie nie die Kraft der Übungen erfahren. Schwimmen lernen kann man auch nicht durch bloßes Betrachten der Übungen, Sie müssen dazu ins Wasser gehen und die Bewegungen ausführen, wenn Sie nicht irgendwann jämmerlich ertrinken wollen! Also, lassen sie erst gar keine Ausreden und Alibis mehr zu, das wäre schon ein großartiger erster Schritt.

Tipps zum Gebrauch dieses Buches

Das Buch ist so aufgebaut, dass wir uns bei jedem Thema zuerst bewusst machen, weshalb unsere Umstände sind wie sie sind, das heißt: Wir erkennen unseren problematischen Zu- oder Umstand.

Der zweite Schritt besteht darin, ein tiefes Verständnis dafür zu bekommen, weshalb wir in diese Umstände und Probleme geraten sind, bevor wir im dritten Schritt lernen, die problematischen Umstände oder Zustände loszulassen. Im vierten und letzten Schritt erfolgt dann das »mentale Neuprogrammieren«, so dass wir die Umstände und Zustände erreichen können, die wir anstreben.

Den optimalsten Effekt erzielen Sie dann, wenn Sie ein Kapitel durchlesen und die erforderlichen Übungen praktizieren. Folgen Sie daher unseren Tipps am Ende eines jeden Kapitels und gehen Sie erst dann zum nächsten Thema, wenn Sie diese Tipps auch wirklich angewendet haben. Natürlich steht es Ihnen frei, ob Sie sich an unsere Tipps halten möchten, oder ob Sie das Buch komplett durchlesen, ohne die Übungen durchzuführen. Sehr wahrscheinlich werden Sie dann aber am Ende des Buches wieder einmal nicht den erhofften Effekt erzielt haben. Sie werden sich dann möglicherweise ein weiteres Mal auf die Suche nach einem neuen Buch oder Seminar machen, Sie werden weiterhin darauf hoffen, Ihr Leben könnte sich verändern, ohne eigene Anstrengung und ohne eigenes Zutun. Nun, die Hoffnung stirbt bekanntlich zuletzt, aber bedenken Sie bitte: Irgendwann stirbt die eben auch!

Wenn Sie dieses Buch intensiv durchgearbeitet haben, dann können Sie anschließend auch immer mal wieder darin „quer" lesen. Im Übrigen empfehlen wir sowieso, dieses Buch nicht nur einmal zu lesen sondern immer mal wieder, da sich der kraftvolle Inhalt erst durch mehrfache Wiederholung voll entfalten kann. Natürlich gibt es auch Textpassagen, die Sie nur ein einziges Mal lesen müssen, damit diese in Ihnen Resonanz finden. Wenn Sie von einem bestimmten Satz tief beeindruckt sind, dann hat dieser eine sogenannte »AHA-Wirkung«. Die Erkenntnis bleibt dann in Ihrem Bewusstsein haften.

Glauben Sie mir kein Wort

Bevor es nun losgeht, noch ein wichtiger Hinweis: „Glauben Sie mir nicht bedingungslos, aber verwerfen Sie auch nichts voreilig. Geben Sie sich selbst die Chance die Übungen zu erfahren, dann werden Sie selbst die Wahrheit kennen.

Betrachten Sie das ganze Buch wie ein großes Buffet, von dem Sie sich das wegnehmen können, was Ihnen gefällt. Lassen Sie das, was Ihnen nicht schmeckt, einfach liegen. Vielleicht fühlen Sie sich von einem Thema einfach nur zum gegenwärtigen Zeitpunkt nicht angesprochen - weshalb auch immer! Das ist okay so!

Ab jetzt sind wir per DU

Ich habe mich entschieden, das Buch ab hier in der Du-Form weiter zu schreiben. Es macht mir einfach mehr Spaß, wenn ich das Gefühl habe, mit einem Freund über so wichtige Themen zu sprechen, und weshalb solltest nur du Spaß haben? ☺

Sollten wir uns einmal persönlich kennen lernen, so sprich mich bitte mit Du an, ich weiß dann sofort, dass du mein Buch gelesen hast und du bekommst auf meiner Sympathieskala sofort einige Pluspunkte. ☺

Ach ja, bevor ich es vergesse: Ich habe – bezogen auf den Schreibstil - eine einfache, bildhafte, humorvolle, polemische und leicht verständliche Ausdrucksweise entschieden, so wie wir auch unsere Seminare durchführen. In dem guten Glauben, dass mir dies gelungen ist, wünsche dir nun viel Spaß beim Lesen sowie viel Erfolg bei der praktischen Umsetzung.

(Falls noch nicht geschehen: besorge dir doch jetzt die empfohlenen Utensilien, okay?)

Viel Erfolg wünscht dir von ganzem Herzen

Volker Knehr

Kapitel 1: **Die 7 wichtigsten mentalen Verkehrsregeln des Lebens**

Nur wer die Spielregeln des Lebens kennt,
kann das Spiel auch erfolgreich spielen.

Volker Knehr

Bevor man in den Genuss des Autofahrens kommt und mit dem Auto auf die Menschheit losgelassen wird, ist zuerst einmal Büffeln angesagt – und das aus gutem Grund. In zwölf Doppelstunden Theorieunterricht geben die Fahrlehrer alles, um den Schülern die Verkehrsregeln sowie die Straßenverkehrsordnung so gut wie möglich in das Langzeitgedächtnis einzuhämmern. Klug wäre, wenn man nach bestandener Prüfung die Regeln im Straßenverkehr auch wirklich weitgehend einhält (ich bin ja kein Moralapostel), vor allen Dingen dann, wenn wir bußgeldfrei durch den Verkehr kommen möchten. Halten wir uns nicht an diese Regeln, werden wir irgendwann ordentlich den Geldbeutel aufmachen müssen, oder wir sind fortan wieder zu Fuß unterwegs. Wir müssen uns also mit der Straßenverkehrsordnung auseinandersetzen bevor wir den Führerschein erhalten können – ob wir wollen oder nicht!

Weshalb aber ist das mit unserem Leben nicht so?

Auch in unserem Leben gibt es Regeln und Gesetze, und wann immer wir mit diesen kollidieren, werden wir zwangsläufig mit den Folgen unseres Tuns konfrontiert. Diese Folgen nennen wir dann Glück, Pech, Schicksal oder Zufall. Ist es nicht verrückt, dass die meisten Menschen so gut wie nichts über die Verkehrsregeln des Lebens wissen? Dass sie nicht verstehen, weshalb die Dinge so sind, wie sie sind?

Weshalb gibt es eigentlich keinen Führerschein fürs Leben? Weshalb wird man nicht annähernd so professionell auf den Verkehr des Lebens vorbereitet, wie auf den Straßenverkehr?

Wie auch immer, in jedem Fall wärst du gut bedient, wenn du die wichtigsten Lebens- oder auch Erfolgsgesetze kennst, damit du im Verkehr des Lebens bestehen kannst; dein Leben wäre um ein Vielfaches leichter, verständlicher und lenkbarer. Lass uns also damit beginnen, dich auf den Führerschein des Lebens vorzubereiten.

1. Alles was heute existiert, war irgendwann einmal nur ein Gedanke, wurde aber erschaffen durch Emotionen.

Inzwischen reden immer mehr Menschen über die Kraft der Gedanken, doch kaum einer hat wirklich geschnallt, wie das Spiel des Denkens wirklich funktioniert. Wie sonst könnte es sein, dass überall noch immer soviel gejammert und geklagt wird, wo doch Millionen von Menschen von dem Gesetz von Ursache und Wirkung Kenntnis haben?

Dieses mentale Gesetz besagt ganz einfach, dass jede Wirkung eine Ursache hat und jede Ursache eine Wirkung nach sich ziehen muss. Super oder? Und nun? Was mach ich jetzt mit diesem toten Wissen (ganz neu ist das ja auch nicht)?

In der Schule wurde uns doch schon beigebracht (wir haben also auch manchmal Nützliches gelernt), dass wir nur ernten können, was zuvor gesät wurde, und auch, dass wir immer genau das ernten müssen, was wir zuvor gesät haben. Im Physikunterricht galt das gleiche Prinzip:»Wo eine Aktion ist, da erfolgt eine Reaktion und wo eine Reaktion, da war vorher eine Aktion«.

Nun, ganz grob haben das sicherlich die meisten gerafft. Zur Sicherheit wollen wir darauf noch etwas näher eingehen.

Dass du jetzt dieses Buch liest, ist eine Tatsache, eine Wirkung. Dass du dieses Buch überhaupt gekauft oder geschenkt bekommen hast, ist eine Wirkung. Dein derzeitiges Einkommen ist eine Wirkung. Alles was jetzt in deinem Leben wirkt, ist Wirklichkeit und somit eine Wirkung. Alle deine bisherigen Erfolge und Misserfolge waren Wirklichkeiten, Wirkungen die du erfahren hast. Jeder Glücksmoment deines Lebens, ebenso wie jeder Moment der Trauer und des Kummers waren Wirkungen. Wenn du heute ein schönes, glückliches und erfülltest Leben führst, ist das eine Wirkung. Wenn du hoch verschuldet bist, du Probleme hast und du dich wirklich miserabel fühlst, ist das ebenso eine Wirkung. Wenn ganz Deutschland, ja sogar ein Großteil dieser Welt über die Finanzkrise jammert, dann ist auch das lediglich eine Wirkung, genauso wie all die Krankheiten, die sich hier und jetzt in der Welt der Wirklichkeit zeigen.

Was die Wirkungen betrifft, dürfte nun alles klar sein. Wirkungen sind somit Situationen, Dinge und Umstände, die auf uns einwirken und die wir dann als Wirklichkeit bezeichnen. Nun wissen wir ja auch, dass jede Wirkung eine Ursache hat, und wir wissen, dass Ursache immer ein Gedanke ist. So jedenfalls ist es in den meisten Lebenshilfebüchern beschrieben. Ist dir schon einmal aufgefallen, dass ganz viele Menschen, die diese Gesetzmäßigkeit kennen, damit ein großes Problem haben? Denn wenn dieses Gesetz wirklich zutreffen würde, dann hätte sich ja jeder seine Wirkungen selbst herbei gedacht, richtig? Heißt das dann, krebskranke Menschen haben sich den Krebs selbst herbei gedacht? Verschuldete Menschen haben sich in die Schulden gedacht? Haben dann kleine Kinder die krank sind, sich das selbst verursacht durch ihr eigenes, negativ destruktives Denken? Wurde jedes Problem immer selbst herbei gedacht? Arbeitslosigkeit, Krankheit ebenso wie Trennung oder Scheidung?

Die Antwort: Ja und Nein!

Ich weiß, diese Antwort genügt dir nicht, deshalb hier die Erklärung: Gedanken sind grundsätzlich mal nichts anderes wie mentale Selbstgespräche, die dann mit zumeist unbewussten Bildern und Symbolen assoziiert werden. Jedes gedachte Wort wird von deinem Unterbewusstsein sofort in ein Bild umgewandelt. Wenn ich dich jetzt bitten würde, an das Wort »Hund« zu denken, dann hättest du sofort ein Bild von einem Hund in deinem Köpfchen. (Hoffentlich jedenfalls. Falls nicht, so tausche dieses Buch gegen einen Besuch beim Neurologen) Obwohl ich nicht gesagt habe, du sollst an einen bestimmten Hund oder eine bestimmte Rasse denken, hast du dies bereits getan.

Ob du nun an einen deutschen Schäferhund, einen Dobermann, einen reinrassigen Mischling ☺ oder an einen anderen Hund gedacht hast, hängt immer mit einer Emotion zusammen. Wenn du selbst schon mal ein Hund gehabt hast oder einmal von einem Hund gebissen wurdest, dann kommen solche Bilder meist zuerst in unser Bewusstsein, da sie emotional stärker aufgeladen sind, wie andere. Wir werden eben nicht nur von Gedanken bestimmt, sondern insbesondere von den daran anhaftenden Emotionen. Ein Gedanke ist also sicherlich der erste und auslösende Impuls, über die Wirkung aber entscheidet einzig und alleine die dem Gedanken anhaftende Emotionen.

Wenn du an Geld denkst, dann ist Geld einfach nur ein neutraler Begriff, bzw. ein Gedanke. Erst deine Bewertung entscheidet darüber, ob dies ein guter oder schlechter Gedanke ist. Wenn du an Geld denkst und in der Vergangenheit bereits häufig Geldprobleme hattest, dann sind dem Begriff »Geld« höchstwahrscheinlich eher negative Emotionen angehaftet – ob dir dies nun bewusst ist, oder nicht. Bist du sehr wohlhabend und fühlst dich frei und glücklich wenn du an Geld denkst, dann haften dem Begriff »Geld« positive Emotionen an. Der Begriff »Geld« ist also vergleichbar mit einem Samenkorn, was die Qualität des Samens, als auch der späteren Ernte bestimmt, wird allein durch die dem Gedanken anhaftenden Emotionen bestimmt.

Mann kann dieses Ursache-Wirkungs-Prinzip also so ausdrücken:

„Jeder Gedanke verursacht eine Emotion,
die dem Gedanken erst Bedeutung verleiht.

Daher sind es immer und ausschließlich unsere Emotionen,
die unser Leben dominieren und bestimmen".

Wenn du häufiger verzweifelte Gedanken denkst und dich entsprechend verzweifelt fühlst, ziehst du Umstände in dein Leben die dafür sorgen, dass du dich noch verzweifelter fühlen musst. Krankheiten wie z.B. Krebs entstehen nach meiner Ansicht somit alleine durch Emotionen, wie Angst, Verzweiflung, Resignation etc.; Krankheiten sind in den Körper gegangen Emotionen, die uns nun schmerzhaft vor Augen führen, in welchem emotionalen Zustand wir uns befinden. Alles in diesem Universum besteht aus Schwingungen. Und was wir an Schwingung aussenden, kommt verstärkt zu uns zurück. Mangel können wir daher auch nur dann erfahren, wenn wir Emotionen und Gefühle des Mangels aussenden. Und dazu sind bereits kleine Kinder fähig, denn sie sind bereits im Mutterleib direkt mit den Emotionen der Mutter verbunden. Geht es der Mutter schlecht, fühlt und empfindet das heranwachsende Wesen so, als wären es die eigenen Emotionen und Gefühle. Ein Gefühl der Minderwertigkeit seitens der Mutter kann sich so auf das Ungeborene übertragen. Daher ist es alles andere als ungewöhnlich, dass bereits kleine Kinder sehr schwer erkranken können. Solltest du also gerade schwanger sein, dann achte darauf, dass du dich möglichst häufig in einem sehr guten Zustand befindest. Ich glaube, das dies wesentlich wichtigerer und bedeutender für dein heranwachsendes Kind wäre, als deine Ernährung während dieser besonderen Zeit. Für Nicht-Schwangere kann es übrigens auch nicht schaden, wenn sie sich so oft wie möglich gigantisch gut fühlen. Du weißt ja jetzt, dass unser derzeitiges Leben die Summe vergangener Emotionen darstellt. Soll also unser Leben besser werden, müssen wir uns einfach besser fühlen! ☺

ÜBUNG 1:

Erkenne die Zusammenhänge zwischen Emotionen und deiner dadurch erlebten Realität und Wirklichkeit

Suche dir einen Bereich deines Lebens heraus, mit dem du unzufrieden bist. Dabei kann es sich z.B. um Finanzen, Körpergewicht, Partnerschaft, Beruf, Arbeitsstelle o.ä. handeln.

Lebensbereich:

_____

Wenn du an diesen Lebensbereich denkst, wie fühlst du dich dann? Was fühlst du? Empfindest du eher Emotionen wie Unzufriedenheit, Mangel, Furcht, Angst oder doch eher Freude, Zuversicht, Vertrauen etc.? Notiere, wie du empfindest, wenn du intensiv an diesen Lebensbereich denkst.

_____

_____

Stell dir nun vor, du wüsstest, die Situation würde sich niemals verbessern. Wie geht es dir dann?

_____

_____

_____

Wenn du dich bei dem Gedanken - deine Situation würde sich niemals verändern – ängstlich, verzweifelt und frustriert fühlst, dann sind das genau die Emotionen, die sich zukünftig in deinem Leben manifestieren müssen. Du bekommst noch mehr davon!

Zusammenfassung:
Dein heutiges Leben ist die Summe vergangener Emotionen. Möchtest du dein Leben verändern, dann musst du deinen mental-emotionalen Zustand verändern. Wirkungen sind daher nichts anderes, als manifestierte Emotionen. Es ist also nicht nur wichtig was du denkst, noch viel entscheidender ist, was du fühlst, während du etwas (oder an etwas Bestimmtes) denkst. Wenn du schlank sein möchtest, dich aber fett und hässlich fühlst wenn du an deinem Körper denkst, dann kannst du Diäten ausprobieren wie du willst, du wirst immer noch dicker! Wenn du mehr Geld haben möchtest, dich aber ängstlich und verzweifelt fühlst, wenn du an deine finanzielle Situation denkst, dann kann es nichts werden mit der fetten Kohle!

Was du noch wissen solltest: Wenn du dich jetzt arm fühlst, dann heißt das nicht, dass du morgen arm sein wirst. Sendest du diese Schwingung allerdings häufiger aus, dann wundere dich nicht mehr über das Resultat.

Übrigens: Zwischen Ursache und Wirkung können oft längere Zeiträume liegen. Wenn du heute im Mangel lebst, dann können die ursächlichen Gedanken und Emotionen schon ein paar Tage (Wochen, Monate oder sogar Jahre) zurück liegen.

Tipp:
Führe in jedem Fall die Übung 1 durch, bevor du weiter liest. Lass dir dazu Zeit und sei gründlich. Führe alle Übungen immer schriftlich durch, denn einfach nur darüber nachzudenken, reicht definitiv nicht aus. Lass also keine Ausreden zu und gehe zurück zu dieser Übung, falls du dich schon wieder beim Abkürzen ertappt hast. ☺

2. Was von dir ausgeht, kommt auch wieder zu dir zurück.

Wie bereist erwähnt ist alles in diesem Universum zuerst einmal nichts anderes als Schwingung. Während du jetzt diese Zeilen liest, werden diese Buchstaben von deinem Gehirn umgewandelt in Worte und Bilder. Anschließend gibst du diesen Wörtern und Bildern noch eine Bedeutung, was zu einer Emotion führt. Kannst du dem Inhalt zustimmen, fühlst du dich gut. Hast du Einwände, fühlst du dich weniger gut. Gleichgültig was du tust, du bist ein permanentes Resonanzfeld, das Schwingungen aussendet und empfängt.

Stell dir einmal einen Radiosender vor, der auf der Frequenz UKW 103,4 sendet. Es handelt sich bei diesem Sender um deinen Lieblingssender. Deine Empfangsstation (Resonanzfeld) ist jedoch auf UKW 88,6 eingestellt. Wenn bei dir nicht alles verkehrt und wundersam läuft, dann kannst du deinen Lieblingssender nicht hören. Du musst dir entweder das Gelaber auf UKW 88,6 anhören – also den Sender der dir nicht so gut gefällt, oder du musst die Frequenz deiner Empfangsstation ändern.

Übertragen auf dich bedeutet das: Je nach dem, auf welcher Frequenz du schwingst - du kannst nur Schwingungen empfangen, die exakt deinem eigenen Resonanzfeld und Schwingungsmuster entsprechen, klar? Dies Prinzip lässt sich auf alles übertragen, sogar auf eine Frucht. Stell dir vor, du schneidest eine Orange auf und drückst diese zusammen, was kommt da raus? Blöde Frage, was? Orangensaft natürlich! Du wirst sehen, so blöd war das gar nicht. Wenn du dasselbe mit einer Zitrone machst, kommt Zitronensaft heraus, denn: »Es kann also immer nur das herauskommen, was drin ist«. Also stellt sich die Frage: Was ist in uns drin? Wenn wir nur Sch … im Kopf haben, dann kann auch nur Sch… dabei rauskommen. Richtig? (Mit Sch … war natürlich „Schlechtes" gemeint, aber das war dir eh klar, stimmts? ☺)

Deine Gedanken mit den daran anhaftenden Emotionen werden also zu gigantischen Magneten, die anziehen, was Ihrer Eigenschwingung entspricht. In vielen Büchern nennt man diese Gesetzmäßigkeit »das Gesetz der Anziehungskraft«, oder »das Gesetz der Resonanz«. Ich nenne es einfach:

Den Bumerang-Effekt:
Was von dir ausgeht, kommt wieder zu dir zurück,
und was zu dir zurück kommt,
muss auch von dir ausgegangen sein.

Übersetzen wir das noch einmal: Wenn Orangesaft aus einer Frucht kommt, dann kann es sich unmöglich um eine Zitrone handeln. Ist doch sonnenklar! Wenn du dich aber ständig ungenügend, abgelehnt, wertlos, arm und mangelhaft fühlst, na was muss dann da rauskommen? Wie innen so außen!

Von 0 auf 1000 in 17 Sekunden

Wenn du deine Aufmerksamkeit für mehr als 17 Sekunden auf einen Gedanken lenkst, dann aktivierst du in dieser Zeit dein emotionales, magnetisches Schwingungsfeld. Dieses emotionale Magnetfeld ist wie ein schwarzes Loch im Universum zu betrachten, denn alles was dieselbe Schwingung hat, wird in dieses Feld hineingezogen. Du stehst morgens auf und bist total genervt, weil du zur Arbeit musst. Auf diesen frustrierenden Gedanken richtest du nun für mindestens 17 Sekunden deine Aufmerksamkeit und schon ist dein magnetisches Resonanzfeld geschaffen und der Tag gelaufen - wie innen, so außen! Dieses Feld macht sich nun nämlich auf die Suche nach gleichartigen Schwingungen und zieht alles an, was auf dieser Frequenz schwingt.

Fühlst du dich frustriert, so sucht dein Resonanzfeld nach Schwingungen, die mit deiner Frustration in Resonanz gehen. Verrückt ist, dass wir uns dann noch wundern, wenn im Bad direkt nach dem Aufstehen der Föhn kaputt geht, uns so eine Flachpfeife auf dem Weg zur Arbeit ins Auto knallt, unser Chef uns zur Sau macht und der Tag zu einer einzigen Katastrophe wird. Man nennt diese Aneinanderreihung gleichartiger Umstände auch das »Gesetz der Serie«. Wir alle kennen dieses Gesetz und haben es schon unzählige Male erfahren. Da gelingt uns etwas besonders gut; wir freuen uns riesig, sind motiviert und begeistert – natürlich mehr als 17 Sekunden – und egal was wir tun, alles scheint zu gelingen. Die schwierigsten Arbeiten gehen uns leicht von der Hand, die größten Herausforderungen werden gemeistert und unser Hochgefühl nimmt stetig zu.
Natürlich funktioniert dieses Spiel immer in der gleichen Art und Weise und immer in beide Richtungen – positiv und negativ. Was wir ignorieren ist, dass wir selbst uns diese Umstände erschaffen, indem wir unser magnetisches Resonanzfeld aktivieren. Das tun wir mit Hilfe unserer Aufmerksamkeit; richten wir diese für mindestens 17 Sekunden auf einen Gedanken, dann ziehen wir Schwingungen an, die exakt dem ausgesendeten Schwingungsmuster entsprechen. Was wir aussenden, kommt zu uns zurück und was zu uns zurück kommt, muss von uns ausgegangen sein.

Wenn du nun an einen Wunsch denkst, dabei Zweifel hegst und diesen mit Zweifel behafteten Gedanken für mindestens 17 Sekunden aufrecht erhältst, dann hast du wiederum dein magnetisches Resonanzfeld aktiviert. Du sendest also nicht deine eigentliche Wunschenergie aus, sondern Zweifel. Du erwartest schon gar nicht, dass sich dein Wunsch manifestiert und du bekommst, was du aussendest.

Wer nur Probleme erwartet, bekommt ordentlich zu tun!

Bereits Hiob sagte: Was ich am meisten fürchtete, ist über mich gekommen. Dieses »Gesetz der Erwartung« steht also schon in der Bibel, aber die meisten Menschen haben bis heute nichts daraus gelernt. Wenn du *wirklich* erwartest, dass sich deine Wünsche erfüllen, dann wird es auch so sein. Darauf zu hoffen, bringt hingegen nicht den gewünschten Erfolg. Ach ja, worüber wir uns hier austauschen, gilt übrigens als wissenschaftlich gesichert.

Anfang des 19. Jahrhunderts brachte die experimentelle Forschung der Atome sensationelle und unerwartete Ergebnisse hervor. Man stellte fest, dass Atome keineswegs die harten, festen Teilchen waren, für die man sie immer gehalten hatte, sondern sie erwiesen sich als weiter Raum, in dem sich kleine Teilchen (Elektronen) um den Kern bewegten. Aber Achtung: Diese Elektronen, sowie übrigens auch der Atomkern (Protonen und Neutronen) sind gar kein Festkörper im Sinne der klassischen Physik, sondern eher ein abstraktes Gebilde doppelter Natur. Je nach dem wie wir sie ansehen, erscheinen sie manchmal als Teilchen und manchmal als Wellen. Als dies festgestellt wurde, ging unter den Wissenschaftlern ein unerbittlicher Krieg los. Gegenseitig wollte man beweisen, dass die anderen mit ihren Entdeckungen unrecht hatten. Eine Gruppe von Wissenschaftlern startete bereits Anfang des 19. Jahrhunderts den Versuch, Licht ein paar Stunden auf eine goldbeschichtete Folie scheinen zu lassen. Die spätere Untersuchung zeigte Einschüsse auf der Folie, die so aussahen, als hätte man mit einem Schrotgewehr darauf geballert. Also war der Beweis erbracht: Licht ist »Teilchen« und somit Materie! Das konnte die andere Gruppe von Wissenschaftlern natürlich nicht auf sich sitzen lassen. Also ordneten sie denselben Versuch an, um der Welt zu beweisen, dass Licht selbstverständlich »Welle«, also Energie ist. Und siehe da, der Versuch war gelungen. Es wurde festgestellt, dass Licht »Welle« und somit Energie war. Plötzlich war klar: Die kleinsten Teilchen (von Einstein als Quanten bezeichnet) können sowohl Teilchen (Materie) als auch Welle (Energie) sein. Es ist die *Erwartung* der Wissenschaftler gewesen, die bestimmt hat, ob sie es mit Materie oder Energie zu tun haben.

Deine Erwartung, deine Gedanken und somit dein Geist bestimmt, ob etwas Materie oder Energie ist bzw. wird. Achte also darauf, was du erwartest, denn deine innere Erwartung kann sich schnell in einen zerstörerischen und unbarmherzigen Feind verwandeln. Du musst dir also deiner Erwartungen bewusst werden, um von dieser Kraft bewusst Gebrauch machen zu können. Das ganze Universum ist ein Ort der Fülle, alles gibt es im Überfluss. Armut gibt es ebenso zahlreich wie Reichtum. Es sind unsere geistigen Erwartungen, die darüber entscheiden, zu welcher Gruppe wir gehören. Wenn du deine Aufmerksamkeit auf den Mangel in deinem Leben richtest und innerlich erwartest, weiterhin Mangel zu erfahren, dann kann sich auch nichts ändern. Zwei Komponenten sind Voraussetzung, um aus Wünschen Realität zu machen:

1.   Du musst erwarten, dass es geschieht.

2. Du benötigst ein starkes Verlangen, dass dieser Wunsch Realität wird.

Wenn du eine schwere Krankheit hast, dann hast du bestimmt auch das starke Verlangen, wieder gesund zu werden. Aber erwartest du es auch? Oftmals wird der Wunsch nach Gesundheit nur von Hoffnung genährt, erwartet aber wird das Gegenteil. Wenn du Zweifel daran hast, gesund zu werden, dann erwartest du schließlich, krank zu bleiben. Und wie sagte doch nochmals Hiob: Was ich am meisten fürchtete, ist über mich gekommen. Möchtest du deine Wünsche in die Welt der Realität bringen, dann ist es erforderlich, die Wünsche ganz tief in dein Unterbewusstsein einzupflanzen, und zu erwarten, dass es geschieht. Ein starkes Verlangen ist dabei entscheidend. Dieses Verlangen darf nur nicht mit dem Gefühl des „Habenmüssen" verwechselt werden, denn wenn du etwas unbedingt haben musst um glücklich zu sein, dann richtest du deine Aufmerksamkeit ja wieder auf das „Nichthaben" und somit auf den Mangel.

ÜBUNG 2:

Notiere einmal alle Emotionen, die du während einer Woche bewusst wahrnimmst. Positive ebenso wie Negative.

(Notiere aber nur die Emotionen, die etwas länger bei dir verweilen und lass die, die nach einigen wenigen Sekunden wieder verschwunden sind. Nimm dir bitte Zeit für diese Übung und mach nicht weiter, bevor du damit fertig bist.)

Positive Emotionen ☺	Negative Emotionen ☹

Und nun überprüfe dein Ergebnis nach Richtigkeit. Wenn du die Übung korrekt durchgeführt hast und sehr ehrlich mit dir warst, dann sind deine Lebensumstände ein Spiegelbild deiner dominanten Emotionen. Und nachdem du das Prinzip von Ursache und Wirkung ja kennst, weißt du: »an der Wirkung erkennst du die Wahrheit«! Schau dir also deine Lebensumstände an und du erkennst deine dominierenden Gedanken und Emotionen. Eine gute Entscheidung wäre in diesem Zusammenhang, ab sofort die volle Verantwortung für dein Leben zu übernehmen.

»Aber das mach ich doch«! – höre ich dich rufen. Wie die meisten Menschen übernimmst auch du wahrscheinlich gerne die Verantwortung für die Dinge, die prima laufen. Bei den Dingen, die nicht so gut laufen, haben wir meist fadenscheinige Ausreden und Alibis zur Hand und leben nach dem Motto: »Wenn der Bauer nicht schwimmen kann, ist halt das Badehöschen schuld«! Wir schieben die Verantwortung von uns weg und geben anderen Menschen oder Umständen die Schuld. Wir sind echte Meister in Sachen Schuldzuweisung und erkennen nicht, wie bescheuert das ist. Wenn du Verantwortung aus der Hand gibst, dann sind entweder die Umstände oder andere Menschen für dein Leben verantwortlich. Du gibst deine Macht aus den Händen und führst ein vollkommen fremdbestimmtes Leben. Wahre Selbstbestimmung bedeutet, die volle Verantwortung für das eigene Leben zu übernehmen. Nur wenn du dazu bereit bist, hast du die Kraft und die Macht, dein Leben zu verändern. Wenn du Verantwortung für alles in deinem Leben übernimmst was jemals war, ist und sein wird, dann erst kannst du dein Leben selbstbestimmt führen.

Zusammenfassung:

An deinen Lebensumständen (Wirkungen) erkennst du deine eigene Schwingung. Ursache ist immer ein mit Emotionen aufgeladener Gedanke. In dem Maße, wie du deine Gedanken und emotionalen Zustände veränderst, in dem Maße veränderst du auch dein Leben.

Merke:
Du hast in jedem Augenblick die Macht, etwas zu verändern. Entweder du veränderst die Umstände, oder deine Einstellung und somit deine emotionale Haltung zu den Umständen. Das aber kannst du nur tun, wenn du die Macht bei dir behältst und sie nicht durch Schuldzuweisung anderen in die Schuhe schiebst. Wenn du Schuldzuweisungen machst, dann solltest du dich an den Bumerang-Effekt erinnern:

Alles was von dir ausgeht, kommt auch wieder zu dir zurück!

Tipp:
Notiere eine Woche lang jeden Tag deine dominierenden Emotionen. Der erste Weg zur Veränderung ist Bewusstsein. Dir muss erst bewusst werden, wie du die Dinge selbst verursachst. Du wirst mit jedem Tag immer früher deine Emotionen erkennen und bald auch effektiv verändern können.

3. Was aufhört zu wachsen, stirbt.

Wenn dein Gehirn keine neunen Inputs mehr bekommt, nichts Neues mehr dazulernt, dann sterben Gehirnzellen ab. Synaptische Verbindungen lösen sich auf; wir erkennen das dann daran, dass wir uns die einfachsten Dinge nicht mehr behalten können. Da wir ja bekanntlich Meister im Schuldzuweisen sind, schieben wir diese Vergesslichkeit natürlich dem Alter zu. Wir verstehen nicht, dass unser Gehirn ständig herausgefordert werden möchte. Weshalb werden Gedächtniskünstler nur dann besser, wenn sie ihr Gehirn ständig trainieren? Eigenartigerweise glauben viele Menschen, sie müssten ihr Gehirn schonen, um lange genug davon profitieren zu können. Irrtum! Alleine das Besitzen eines Gehirns will noch gar nichts bedeuten, erst wenn du dein Gehirn benutzt, wird ein Schuh daraus.

Das gesamte Universim unterliegt dem Gesetz der Evolution, alles ist ständig in Bewegung und entwickelt sich fortwährend weiter. Versuchen wir, uns diesem evolutionären Prozess in den Weg zu stellen, dann werden wir wie von einer Lawine überrollt, einer Lawine großer Probleme, Schwierigkeiten, Sorgen, heftigen Ängsten und schweren Krankheiten. Das Leben zwingt uns dadurch, zu wachsen und unsere Potenziale zu entfalten.

Vielleicht denkst du nun: So ein Schwachsinn!

Ist es aber nicht! Denn alles was du heute kannst, alle deine Fähigkeiten und Ressourcen hast du nur durch Schwierigkeiten und Probleme entfalten können. Probleme sind der Motor der Evolution. Jede Erfindung findet ihren Ursprung in einem Problem. Jeder Sportler weiß, dass ein Muskel nur wachsen kann, wenn er trainiert wird. Training aber bedeutet oft Schmerzen, denn nur wenn der Muskel sehr stark gefordert wird und anschließend Zeit zur Regeneration bekommt, nur dann wird der Muskel größer und härter.

Und so wachsen auch wir Menschen am meisten an Problemen, Schwierigkeiten und Herausforderungen. Sie helfen uns, ungeahnte und ungenutzte Potenziale zu entfalten. Die Natur wächst nicht nur, wenn die Sonne scheint. Wir benötigen den Sturm, Hagel und den Regen ebenso, damit die Natur wachsen und gedeihen kann. Und genau den Sturm, Hagel und Regen benötigen auch wir, denn auch wir wachsen nur an Problemen und Hindernissen.

Was aber machen wir Blindfüchse: Wir laufen vor unseren Problemen und Schwierigkeiten davon. Das ist beste Weg, Wachstum zu vermeiden und ein Leben zu führen, das weit unter unseren Möglichkeiten liegt. Aber genau mit unseren Widerständen müssen wir uns am meisten beschäftigen. Ich habe vor vielen Jahren einen Satz gehört, der meine Einstellung vollkommen veränderte:

Der Weg zum Erfolg ist da, wo die Angst am größten ist.

Ich habe durch diesen Satz begonnen, immer die Aufgaben und Hindernisse zuerst anzugehen, die am schwierigsten erscheinen. Meist musste ich dann feststellen, dass die Schwierigkeit sich größtenteils in meinen Kopf abspielte. So manch einer kennt das von seinen eigenen Zahnarztbesuchen. Da hat man eine Scheißangst vor diesem Folterstuhl und schiebt den erforderlichen Termin oft monatelang (manche sogar Jahre) vor sich her. Nicht selten hat sich da ein Steinbruch im Mund gebildet, an den sich kaum noch Zahnärzte heranwagen. Hat man dann den Gang zum Zahnarzt doch einmal gemeistert, hört man: Hey, war gar kein Problem. Spritze, hinlegen fertig! Kennst du ähnliche Beispiele aus eigenen Erfahrungen?

ÜBUNG 3:

Notiere bitte drei Probleme deiner Vergangenheit, die du lange vor dir hergeschoben hast. Denke dann darüber nach, welche Potenziale du später dadurch entfalten konntest.

Beispiel:

Ich kam vor vielen Jahren zu spät zu einem Termin, zu dem ich knapp 250 Kilometer anreiste. Es waren ganze 3 Minuten. Der Mensch der mich erwarte ließ mich sofort wieder nach Hause fahren – der Termin kam nicht zu Stande. Damals war das ein großes Problem für mich, denn diesen Auftrag hätte ich wirklich dringend gebraucht. Ich habe diesem Typ damals die Pest an den Hals gewünscht.

Was aber habe ich gelernt:

Nicht er war verantwortlich für meine Verspätung, sondern ich. Ich hätte anrufen können, früher wegfahren, was auch immer. In jedem Fall habe ich seit diesem Tag nie mehr einen Termin verpasst. Ich habe erkannt, dass es in meiner Verantwortung lag und habe seither in vollen Umfang für alles in meinem Leben die volle Verantwortung übernommen. Ich kann also sagen, dass dieser »Griffelspitzer ☺« einer meiner wertvollsten Lehrer war, denn vieles was ich heute erreicht habe, findet den Ursprung in diesem verpassten Termin. Wie ist das bei dir? Notiere nun deine drei Problem und wie du daran wachsen durftest.

Problem 1☹

....

....

Was hast du gelernt? ☺

Problem 2 ☹

Was hast du gelernt? ☺

Problem 3 ☹

Was hast du gelernt? ☺

Lese bitte nicht weiter, bevor du diese Aufgabe erledigt hast, okay?

ÜBUNG 4:

Schreibe nun noch drei Situationen auf, die du aus Angst lange vor dir hergeschoben hast, die sich dann später als eher harmlos herausstellten.

Du siehst: »Nicht die Dinge an sich sind das Problem, sondern unsere Gedanken darüber«.

Komm endlich raus, aus deiner Bequemlichkeitszone

Hast du schon einmal erlebt, dass andere Menschen ein Problem mit sich herum schleppen, das dir noch nicht einmal ein Zucken entzieht? Ein Problem von dem du weißt, du könntest es spielerisch lösen? Ganz sicher gibt es Bereiche in deinem Leben, in denen du Überdurchschnittliches weißt und kannst. Angenommen du wärst ein Computerfreak und ich hätte mit meinem PC ein Netzwerkproblem. Ich würde mit meinem Problem zu dir kommen und dir meine aussichtlose Situation schildern. Mit einem Lächeln würdest du mir den entscheidenden Tipp geben und mein Problem wäre gelöst. Kannst du dir vorstellen, dass es so etwas gibt? Wenn du also in einem bestimmten Bereich Probleme lösen kannst, die andere nicht meistern, dann kann das nur einen Grund haben: Du hast selbst schon ein ähnlich gelagertes Problem gehabt und für dich gelöst. Du siehst also: „Probleme sind Chancen und Möglichkeiten, getarnt in Arbeit bzw. Anstrengung!" Wer also immer nur so weit ins Wasser geht, wie er sehen kann, dem wird sich nie die wunderbare Unterwasserwelt zeigen, die sich unter der Wasseroberfläche befindet. Probleme sind also lediglich Situationen, die wir bisher noch nie gelöst haben. Lösen wir nun solche Probleme, so betrachten wir diese zukünftig nur noch als Aufgaben, die zu erledigen sind. Weshalb haben so wenige Menschen keine echten Ziele? Weil Ziele nichts anderes sind, als selbsterschaffene Probleme. Du musst aus deiner Bequemlichkeit heraus um dein Ziel zu erreichen, du musst deine Komfortzone verlassen und dich mit Ungewohntem befassen. Du begibst dich mit jedem neuen Ziel auf unsicheres Terrain. Aber genau das benötigen wir, denn wir wachsen nur durch Hindernisse, Schwierigkeiten und Problemen – ob nun selbstgeschaffen, oder nicht.

ÜBUNG 5:

Notiere anschließend ein Problem, das du lösen solltest

(z.B. einen Behördengang, einen unangenehmen Telefonanruf, oder etwas in der Richtung. Richte dann deine Aufmerksamkeit auf dieses Problem und prüfe, wie du dich fühlst wenn du dir dieses Problem bewusst machst)

Entscheide dich nun, dieses Problem <u>sofort</u> zu lösen. Ja, das meine ich ernst. Löse es, sobald als möglich und dann notiere, wie du dich fühlst. Notiere ebenso, wie du das nächste Mal mit so einem Problem umgehen wirst.

Sehr wahrscheinlich wirst du beim nächsten Mal nicht mehr ganz so lange warten, sondern den Stier sofort bei der Hörnern packen, oder?

Zusammenfassung:
Menschen die erfolgreich und glücklich sind, sind Profis in Sachen Problemlösung. Sie stellen sich ihren Schwierigkeiten, denn sie wissen, dass sie jedes Problem und jeder Widerstand nur wachsen lässt. Was nicht wächst, stirbt. Erfolgreiche Menschen wissen, dass Erfolg immer die Summe bereits gelöster Probleme darstellt. Je mehr Probleme ein Mensch also löst, desto erfolgreicher, charismatischer und selbstbewusster wir er.

Merke:
Jedes Problem und jedes Hindernis das du in deinem Leben meisterst, lässt dich besser werden. Deine Persönlichkeit wird stärker und du wirst mit jedem Mal magnetischer für Erfolg. Freue dich also über jedes Hindernis, es macht dich einfach besser. Hast du keine Hindernisse, dann schaff dir welche. Setze dir Ziele und verpflichte dich, dies auch zu erreichen. Das erst lässt dich zu der Persönlichkeit er-wachsen, die du ganz tief in dir schon immer sein wolltest.

Tipp 1:
Notiere nun zwei weitere Aufgaben, die du schon länger vor dir herschiebst, und erledige diese umgehend. Mach dir dann, wenn es erledigt ist, ganz deutlich bewusst, wie gut es sich anfühlt, es endlich geschafft zu haben.

Tipp 2:
Setze dir ab sofort täglich mindestens sechs Ziele. Das können Dinge sein wie: Tägliches Mentaltraining, Zielplanung für den nächsten Tag, die Dachkammer aufräumen, Joggen gehen, o.ä. Es sollte sich dabei um Ziele handeln, die du ohne Verpflichtung eher vermeiden würdest. Lege dir ein Terminbuch zu, in das du diese

Ziele notieren kannst. Trage dann jedem Tag deine sechs Ziele ein und hake ab, wenn diese erledigt sein.

Auf diese Weise lernt dein Unterbewusstsein:

1. Was du dir zum Ziel setzt, wird immer erreicht.
2. Du installierst ein erstes Gewinner-Programm.
3. Du erweiterst deine Komfortzone.

Also: Lass die Aufgabe nicht aus, erledige sie. Und was den Tipp 2 betrifft, so rate ich dir, die Übung den Rest deines Lebens zu praktizieren.

4. Die Welt ist, wofür du sie hältst.

Dein heutiges Leben, deine Umstände und alles was damit zusammenhängt, sind das Ergebnis deiner Glaubenssätze und Überzeugungen. Das was du über dich und über die Welt glaubst ist eine Ursache, die zwangsläufig eine Wirkung hervorbringen muss. Wenn du glaubst, dass dein Leben ein Kampf ist, dann wirst du kämpfen müssen. Glaubst du, das Leben wäre ein Spiel, dann gestaltet sich dein Leben auch spielerisch.

> *Egal ob du glaubst, du kannst es oder du kannst es nicht,*
> *du wirst in jedem Fall recht behalten!*
> Henry Ford

Das heißt: »Die Welt ist, wofür du sie hältst«.

Glaubenssätze und Überzeugungen sind nichts anderes wie Gedanken oder Ideen, die du für wahr hältst. Das Verrückte dabei ist, dass wir viele Dinge bedingungslos glauben, ohne jemals zu hinterfragen. Wenn du glaubst, dass es schwer ist, einen neuen Job zu finden, dann wirst du es auch sehr schwer haben. Durch deinen einschränkenden Glaubenssatz aktivierst du verschiedene mentale Verkehrsregeln, die dann alle zusammen dafür sorgen, dass du bekommst, was du denkst und glaubst. Du programmierst so dein mentales Navigationssystem auf ein Ziel, das in diesem Fall lautet: »Es muss schwer sein, einen Job zu finden«! Was darf dein mentales Navigationssystem jetzt auf keinen Fall tun? Dich schnell und leicht einen Job finden lassen! Dann hättest du es ja nicht mehr schwer und somit »das Ziel verfehlt«.

Wenn du über dich glaubst, ein Versager zu sein, hast du dein mentales Navigationssystem auf »Versagen« programmiert. Und jedes Mal, wenn du auf die Erfolgsspur gelangst, erhältst du von deinem Navigationssystem die Meldung: »Sie haben die Route verlassen. Bitte wenden. Bitte wenden«! Du würdest dich von deiner Zielprogrammierung »Versagen« wegbewegen, was von deinem brillanten Navigationssystem natürlich sofort korrigiert werden muss.

Was immer du also über dich, das Leben und die Welt für wahr hältst, du musst es erfahren, du musst Recht behalten. Wir werden später darauf noch etwas tiefer eingehen.

ÜBUNG 6:

Ergänze die folgenden Sätze, ohne lange darüber nachzudenken!

Lernen ist …

Mein Leben ist …

Frauen sind …

Männer sind ….

Der Arbeitsmarkt ist …

Mein Körper ist …

Politiker sind …

Geld ist …

Meine Eltern …

Mein Beruf …

Mein Job …

Na, wie ist dein Ergebnis ausgefallen? Wird der Satz »Geld ist …« mit den Worten »… ein notwendiges Übel« ergänzt, dann darf man sich nicht wundern, wenn das Geld wegbleibt - bei solch negativen Überzeugungen. Wenn ich glaube, dass Geld ein Übel ist, dann muss ich auch Übles erfahren. Die Welt ist schließlich, wofür wir sie halten!

Zusammenfassung:
Dein ganzes Leben wird erschaffen durch genau die Gedanken, die du für wahr hältst. Diese inneren mentalen Wahrheiten nennt man dann Glaubenssätze und Überzeugungen. Sie sind die Ursache für all die Wirkungen deines Lebens. Viele Menschen versuchen, an den Umständen zu feilen. Das wäre in etwa so, als würdest du in einen Spiegel blicken, einen Pickel auf der Stirn entdecken und dann am Spiegel herumdrücken.

Merke:
Wenn du dein Leben verändern willst, dann musst du deine Glaubenssätze und Überzeugungen verändern. <u>Es gibt keine andere Möglichkeit!</u> Wie man das genau macht, erfährst du im weiteren Verlauf dieses Buches.

5. Wirklichkeit entsteht durch Aufmerksamkeit

In der Aufmerksamkeit sind immer der Wille und die Vorstellung zugleich enthalten, denn wo du aufmerksam bist, dort willst du schließlich mit deinem Bewusstsein anwesend sein. Denke nur an einen spannenden Film, der dich völlig in seinen Bann zieht oder ein aufregendes Buch, das dich alles um dich herum vergessen lässt.

Alles was dir widerfährt, ist von dir und deiner Aufmerksamkeit verursacht worden, gleichgültig ob bewusst oder unbewusst – du hast es so gewollt und du wirst es erhalten. Daher beschwere dich nie mehr, dass dir etwas widerfahren ist, was du nicht wolltest, denn Wirklichkeit entsteht immer aus deiner Aufmerksamkeit - deinem Willen und somit deiner Gedankenwelt und geistigen Vorstellung. Wenn du deine Aufmerksamkeit ein mentales Problem richtest, dann bist du mit deinem Willen und mit deiner Vorstellung voll und ganz bei diesem Problem. Du entwickelst ein gedankliches Bild von dem Problem mit all den daran anhaftenden Emotionen. Wiederholst du dies über eine gewisse Zeit, verwirklich sich das Problem.

ÜBUNG 7:

Worauf richtest du deine Aufmerksamkeit?

Bitte kreuze an, worauf du für gewöhnlich deine Aufmerksamkeit richtest. Wähle immer zwischen den beiden Alternativen:

Auf das Problem?	☹	Auf die Lösung?	☺
Auf den Schmerz?	☹	Auf das Wohlbefinden?	☺
Auf das Negative?	☹	Auf das Positive?	☺
Auf das was fehlt?	☹	Auf das was du hast?	☺
Auf Krankheit?	☹	Auf Gesundheit	☺
Auf Mangel?	☹	Auf Fülle?	☺
Auf die Schwierigkeiten?	☹	Auf die Chancen?	☺
Auf die unangenehme Aufgabe?	☹	Auf das Gefühl danach?	☺
Auf das was stört?	☹	Auf das was gefällt?	☺

Warst du auch wirklich ehrlich? Nichts wäre schlimmer als Selbstbeschiss! Und um ganz sicher zu gehen, nachfolgend noch einige Beispiele:

Stell dir vor, du erhältst von deinem Chef eine Lohnerhöhung in Höhe von 500,00 Euro monatlich. Wie würdest du reagieren? Würdest du dich freuen, Luftsprünge machen oder feiern? Was aber würde geschehen, wenn du dann erfahren würdest, dass deine Kollegen alle 1.000,00 Euro Lohnerhöhung erhalten haben? Wohin geht nun deine Aufmerksamkeit? Auf das Positive, oder auf das Negative? Auf die Lösung (nämlich den Chef einfach zu fragen, weshalb er diese Unterschiede macht), oder auf das Problem? Auf das was du bekommen hast, oder auf das, was andere mehr erhalten haben?

Und falls du die Aufgabe doch nicht ganz ehrlich durchgeführt hast, kannst du zu deiner eigenen Sicherheit die aktuellen Wirkungen in deinem Leben betrachten, daran erkennst du die Wahrheit. ☺

Nochmals möchte ich dich an den 17-Sekunden-Effekt erinnern: Sobald du für mehr als 17 Sekunden deine Aufmerksamkeit auf einen Gedanken richtest, aktivierst du damit dein emotionales magnetisches Resonanzfeld. Du kannst dann nur das in dein Leben ziehen, was dieser Schwingung entspricht.

Das »Ich will … / will nicht …« – Muster:

- Ich will jetzt nicht aufstehen.
- Ich will jetzt nicht zur Arbeit.
- Ich will diesen Stau nicht.
- Ich will nicht so lange auf mein Essen warten.

- Ich will keine Schulden mehr haben.
- Ich will dieses Problem endlich loshaben.
- Ich will endlich glücklich sein.
- Ich will auch mal einen netten Partner.

Alle diese Sätze sind Absichtserklärungen, bei denen die Aufmerksamkeit auf das gerichtet wird, was wir nicht wollen. »Ich will jetzt nicht aufstehen« sorgt z.b. für Unlust und Frust. Bleibe ruhig mehr als 17 Sekunden bei diesem Gedanken und du hast dir einen echt beschissenen Tag versursacht. ☺

Wird dir so langsam klar, was du dir alles selbst erschaffst – jeden Tag und in jedem Moment? Dieses Problem bleibt solange bestehen, wie du keine Ziele hast. Nur Ziele machen deutlich was du willst, und nur wenn du weißt was du willst, kannst du deine Aufmerksamkeit darauf richten. Solange dies nicht der Fall ist, wirst du dich immer mental auf das ausrichten, was du so verdammst, mit dem Ergebnis, dass sich genau das zunehmend verstärken wird.

Das „Ich hätte/würde gern ..." – Muster:

- Ich hätte so gerne ein eigenes Haus.
- Ich hätte gerne ein Kind.
- Ich würde so gerne mal wieder in Urlaub.
- Ich hätte so gerne ein neues Auto.
- Ich hätte so gerne gute Freunde.
- Ich hätte so gerne einen schlanken Körper.

Auch bei diesen Sätzen richten wir unsere Aufmerksamkeit auf die Abwesenheit dessen, was wir gerne hätten. Gute Gefühle bekommen wir durch solche Gedanken sicher nicht, denn »hätte gern« bedeutet ja »nicht haben« und somit Mangel. Damit aber nicht genug; deine negativen Gefühle bekommen Kinder und vermehren sich schlagartig. Die Folge sind noch mehr negative Gefühle!

Zusammenfassung:
Worauf du deine Aufmerksamkeit richtest, da bist du mit deinen Gedanken, Vorstellungen und Emotionen, und genau dort hin fließt die Energie der Verwirklichung. An dem was in deinem Leben wirkt, erkennst du genau, worauf du deine Aufmerksamkeit – bewusst oder unbewusst – richtest.

Merke:
Dein Leben verändert sich in dem Maße, wie es dir gelingt, deine Aufmerksamkeit zu verlagern. Die gute Nachricht ist, wir können in jedem Augenblick entscheiden, worauf wir unsere Aufmerksamkeit richten wollen. Die vielleicht schlechte Nachricht ist: »Das muss ständig geübt werden«!

Tipp 1:
Beobachte dich nur mal einige Stunden und prüfe immer mal wieder, wo du mit deiner Aufmerksamkeit bist. Wenn du negative Gefühle verspürst, dann verlagere bewusst und gezielt deine Aufmerksamkeit auf die schönen Dinge in deinem Leben.

6. Was du abwehrst oder ablehnst, bleibt bestehen

Diese mentale Gesetzmäßigkeit könnte auch als das „Gesetz der Abstoßung" bezeichnet werden, denn je mehr du etwas zwanghaft möchtest, desto mehr stößt du es von dir weg. Ich selbst habe dieses mentale Prinzip bereits als Kind erfahren, aber erst viel später - als ich ein Seminar für mentales Training besuchte - verstanden. Der damalige Trainer erzählte uns, dass wir nur regelmäßig unsere Ziele visualisieren sollten, alles andere kommt von ganz alleine. Mir hat es bei diesem Satz förmlich den Magen umgedreht, denn das hatte ich erfolglos bereits als Kind praktiziert. Ich habe mir ein neues Fahrrad in allen Details visualisiert, neue Skier und viele andere Dinge mehr, bekommen habe ich meine Visualisierungen jedoch nicht. Nach diesem Seminar habe ich mir immer wieder die gleiche Frage gestellt: »Was muss ich tun, damit Mentaltraining wirklich funktioniert«? Die die Antwort lies nicht lange auf sich warten. Einige Tage später wusste ich, dass es meine Emotionen waren, die darüber entscheiden, ob sich meine mentalen Ziele-Programmierungen manifestieren oder nicht.

Viel wichtiger aber war die Erkenntnis: »Je zwanghafter mein Wunsch war, desto mehr habe ich ihn von mir weggestoßen«!

Wenn wir etwas unbedingt haben, sein oder tun wollen, so sehr, dass wir ohne das Erwünschte *nicht glücklich sein können,* dann *entfernen* wir uns immer mehr von dem Wunsch. Wir richten nämlich ständig unsere Aufmerksamkeit auf den Mangel und verstärken diesen Mangel damit umso mehr.

Wenn dein größter Wunsch darin besteht, einen schlanken Körper zu haben, du aber deine Aufmerksamkeit ständig auf deinen mangel-haften Körper richtest, dann aktivierst du damit einfach nur miese Gefühle. Je mehr du also deine Figur ablehnst, desto weniger kannst du deinem Wunsch »schlank« zu sein, näher kommen. Nur wenn du in den Spiegel schauen kannst, ohne dich dabei schlecht zu fühlen, kannst du auf mühelose Weise einen schönen und schlanken Körper bekommen. Leider denkt die Masse der Übergewichtigen beim Blick in den Spiegel, dass man doch so einen unförmigen und aufgequollenen Körper nur ablehnen kann. Nun, dieser Körper ist der gleiche, der irgendwann einmal schlank war und der irgendwann wieder schlank sein kann. Was du jetzt im Spiegel siehst, ist lediglich das, was du aus diesem ursprünglich wunderbaren Körper gemacht hast. Wieso also solltest du diesen Körper nicht schon jetzt lieben können? Dazu kommt, dass du gar keine andere Wahl hast, als deinen Körper zu akzeptieren, denn er existiert ja bereits in dieser Form. Natürlich könntest du Widerstand leisten, nur gegen was denn? Gegen etwas, das schon ist, wie es ist?

Das zwanghafte Wollen trennt vom Gewollten

Vor einiger Zeit hatte ich ein Coaching mit einem sehr netten Pärchen. Die beiden, Liliana und Marco, waren seit mehr als 8 Jahren verheiratet, wirkten aber immer noch so richtig verliebt. Grund für dieses Coaching war der sehnsüchtige Wunsch der Beiden nach einem Baby. Liliana und Marco versuchten bereits seit fünf Jahren, sich diesen Wunsch zu erfüllen. Bis hin zur künstlichen Befruchtung ließen sie nichts unversucht. Im Laufe der Zeit wurde für Marco Sex immer mehr zum Pflichtprogramm (was für uns Männer ja doch etwas ungewöhnlich ist ☺), während Liliana mit jedem Geschlechtsakt neue Hoffnung schöpfte, doch endlich schwanger zu werden. Die Ernüchterung kam dann immer wieder aufs Neue mit ihrem monatlichen Zyklus. Beide erwähnten während des Coachings immer wieder, dass Sie niemals wirklich glücklich sein könnten, würde sich dieser Wunsch nicht endlich erfüllen. Sie *mussten* dieses Kind unbedingt haben, denn ihr Glück war in einem Höchstmaß davon abhängig.

Als ich Ihnen sagte, dass die einzige Chance, dieses Baby zu bekommen, aus meiner Sicht darin besteht, den Zwang des Habenmüssens aufzugeben, schaute ich in völlig ratlose Gesichter. Liliana und Marco schien diese geistige Haltung unmöglich, so groß war ihre Sehnsucht nach diesem kleinen Wonneproppen. Sie waren zwanghaft abhängig von der Erfüllung ihres Wunsches. Beide konnten sich unmöglich vorstellen, jemals glücklich zu sein, wenn sich dieser Wunsch nie erfüllen sollte. Nachdem wir ungefähr vier Stunden intensiv an dieser zwanghaften Bedürftigkeit gearbeitet hatten, waren die beiden wie ausgewechselt. Nach wie vor hatten sowohl Liliana als auch Marco diesen Kinderwunsch, aber jetzt konnten sie auch dann glücklich sein, falls dieser sich eben doch nicht wie erhofft erfüllen sollte. Sie konnten diesen zwanghaften Babywunsch sogar loslassen und sich dafür begeistern, nun mehr Zeit für die Karriere und Reisen zu investieren. Doch dazu sollte es nicht kommen! Knappe zehn Wochen nach diesem Coaching erhielt ich einen Anruf von Liliana, indem sie mir mitteilte, sie wäre schwanger und erwarte Zwillinge.

Loslassen bedeutet, das »Habenmüssen« aufzugeben

Erst wenn wir unsere zwanghafte Bedürftigkeit loslassen und wir unser Wohlgefühl und Glück nicht länger vom Erreichen des erwünschten Endzustandes abhängig machen, erst dann können wir bekommen, was wir uns wünschen.

Warum aber ist das so? Weil du von Angst angetrieben wirst, wenn du zwanghaft bedürftig bist. Angst, nicht glücklich werden zu können, ohne Baby. Angst, pleite zu gehen, ohne den nächsten Auftrag. Angst, nicht gut genug zu sein, ohne Anerkennung. Wenn Angst dein treibendes Motiv ist, dann ziehst du immer mehr Umstände in dein Leben, die deine Angst rechtfertigen – du erinnerst dich? Nicht was du dir wünschst kommt in dein Leben, sondern das was du bezogen auf dein Ziel fühlst. Du bist, wie du bereits weißt ein gigantischer Magnet, der alles anzieht, was seiner Eigenschwingung entspricht. In der Landwirtschaft ist das vollkommen klar. Da sät niemand Weizen und hofft dann darauf, Mais ernten zu können. Oder wie es ein Trainerkollege mal etwas direkter ausgedrückt hat: »Aus einem traurigen Arsch kommt kein glücklicher Furz«.

Wenn dein Glück vom Erreichen eines Zieles anhängig ist, dann kannst du dein Ziel nicht erreichen! Du musst zuerst deine zwanghafte Bedürftigkeit auflösen. Wenn du dich auf den Weg zu deinem Ziel machst, ohne dieses Habenmüssen aufzulösen, dann wäre das in etwa so, als würdest du an einem starken Gummiseil hängen. Dieses Seil gibt dir zwar einen bestimmten Bewegungs-spielraum, aber wenn die Spannung zu groß wird, zieht es dich mit einem Ruck zurück, manchmal sogar weiter, als wie du begonnen hast. Du musst dich von diesem Seil befreien, das dich in Grenzen und Beschränkungen hält, doch zuerst musst du dieses Seil überhaupt erst einmal wahrnehmen.

ÜBUNG 8:

Wie man eine zwanghafte Bedürftigkeit erkennt

Stelle dir bezogen auf deinen wichtigsten Wunsch die folgenden Fragen:

Fühlst du dich schlecht bei dem Gedanken weiterhin ohne das Gewünschte bleiben zu müssen?

Ist dein Glücksgefühl abhängig von dem Erreichen dieses Wunsches?

Fühlst du dich frustriert oder verzweifelt, wenn das Gewünschte niemals eintritt?

Drehen sich viele Gedanken am Tag darum, wie du deine zwanghafte Bedürftigkeit befriedigen kannst?

Bist du neidisch auf Menschen, die genau das haben, was du dir wünschst und steigt sogar Wut, Ärger oder Zorn in dir auf?

Bekommst du Angst und Panik, wenn das Gewünschte unerreichbar bleibt?

Bist du häufig unzufrieden und unglücklich, weil du das Gewünschte nicht hast?

Bist du ab und an verzweifelt und frustriert über deine Situation?

Wenn du mehrmals mit „Ja" geantwortet hast, liegt bereits eine zwanghafte Bedürftigkeit vor, die unbedingt aufgelöst werden muss, wenn du deinen Wunsch realisieren möchtest.

Zusammenfassung:
Je mehr du etwas <u>haben musst</u> desto weniger kannst du es erreichen. Zu viele negative Gefühle haften an deinem Wunsch, daher stößt du deinen Wunsch immer weiter von dir weg. Stattdessen ziehst du das an, was du so vehement abwehrst und ablehnst.
In vielen Büchern wird geschrieben, man müsse sein Ziel loslassen, wenn man es erreichen möchte. Jetzt weißt du, was damit <u>wirklich</u> gemeint ist! ☺

7. Wenn du eine Abkürzung nehmen willst, sei dankbar!

Du hast jetzt erfahren, dass deine Lebensumstände durch deine Emotionen erschaffen wurden. Und so langsam dürfte es auch der letzte Mohikaner kapieren, dass nur Top-Gefühle zu Top-Lebensumständen führen. Dankbarkeit gehört zu den emotionalen Schwingungen, die am höchsten schwingen und von keiner anderen Emotion getoppt werden kann. Dankbarkeit, Liebe, Wertschätzung und Glückseligkeit sind Emotionen der allerhöchsten Schwingung. Und was glaubst du ziehst du an, wenn du emotional auf diesem Level schwingst? Richtig, noch viel mehr von diesen fantastischen und großartigen Schwingungen, bzw. Emotionen.

Statt dankbar zu sein für das was wir haben, sind wir von Undank zerfressen. Wir schauen nicht auf die Dinge, die wir haben oder auf das was wir können, sondern immer darauf, was uns noch fehlt. Nur sehr selten sind wir erfüllt von Dankbarkeit, obwohl wir doch genügend Gründe dafür hätten. Wenn es uns gut geht, ist das für uns selbstverständlich, aber wenn es uns mal nicht so gut geht, dann ist das Gejammer riesig. Wer ständig nur undankbar ist, zieht Umstände an, um noch undankbarer zu sein. Ist das wirklich so clever? Bis heute konntest du vielleicht sagen, dir wären diese mentalen Prinzipien nicht bewusst gewesen. Ab jetzt kannst du das aber nicht mehr sagen, du hast keine Alibis mehr und weißt ganz tief in dir, dass alle Umstände immer nur von dir selbst erschaffen werden.

Eine ergreifende Statistik: Denk mal darüber nach!

Vor einiger Zeit hat mir Udo (wer unsere Seminare besucht hat, kennt ihn. Udo ist mein Co-Trainer und ein ganz lieber Freund) die folgende Statistik zukommen lassen. Wenn man die Weltbevölkerung auf ein 100 Seelen zählendes Dorf reduzieren würde und dabei die Proportionen aller auf der Erde lebenden Völker beibehalten würde, wäre dieses Dorf folgendermaßen zusammengesetzt:

- 57 Asiaten
- 21 Europäer
- 14 Amerikaner (Nord-, Zentral- und Südamerikaner)
- 8 Afrikaner

Es gäbe:

- 52 Frauen und 48 Männer
- 30 Weiße und 70 nicht Weiße
- 30 Christen und 70 nicht Christen
- 89 Heterosexuelle und 11 Homosexuelle
- 6 Personen besäßen 59% des gesamten Reichtums
- 80 lebten in maroden Häusern
- 70 wären Analphabeten
- 50 würden an Unterernährung leiden
- 1 wäre dabei zu sterben
- 1 wäre dabei geboren zu werden
- 1 besäße einen Computer
- 1 (ja, nur einer) hätte einen Universitätsabschluss

Nun wollen wir dir mal etwas Dankbarkeit einhauchen

Wenn du heute Morgen aufgestanden bist und eher gesund als krank warst, hast du ein besseres Los gezogen als Millionen Menschen, die die nächste Woche nicht mehr erleben werden. Wenn du noch nie in der Gefahr einer Schlacht, in der Einsamkeit der Gefangenschaft, im Todeskampf der Folterung oder im Schraubstock des Hungers warst, geht es dir besser als 500 Millionen Menschen. Wenn du zur Kirche gehen kannst, ohne Angst haben zu müssen, bedroht, gefoltert oder getötet zu werden, hast du mehr Glück als 3 Milliarden Menschen. Wenn du Essen im Kühlschrank, Kleider am Leib, ein Dach über dem Kopf und einen Platz zum Schlafen hast, bist du reicher als 75% der Menschen dieser Erde. Wenn du Geld auf der Bank, in deinem Portemonnaie oder im Sparschwein hast, gehörst du zu den Privilegiertesten 8% dieser Welt. Wenn deine Eltern noch leben und immer noch verheiratet sind, bist du schon wahrlich eine Rarität.

Wenn du dies hier liest, bist du wirklich reich beschenkt, da du nicht zu den zwei Milliarden Menschen gehörst, die nicht lesen können. Drum:

- Arbeite, als bräuchtest du kein Geld.
- Liebe, als habe dir nie jemand etwas zu leide getan hat.
- Tanze, als ob niemand dich beobachte.
- Singe, als ob niemand dir zuhöre.
- Lebe, als sei das Paradies auf Erden.

Wenn du dir die Welt auf diese Weise betrachtest, kannst du dann dankbar sein für dein Leben? Hast du nicht ausreichend Gründe, um dankbar zu sein für dein Leben, deinen Körper, den Ort wo du lebst und für deine Privilegierung?

ÜBUNG 9:

Wie man Dankbarkeit aktiviert

Ob du undankbar oder dankbar bist hängt davon ab, womit du dich und dein Leben vergleichst und worauf du deine Aufmerksamkeit richtest. Und wie du gleich sehen wirst, bist du jederzeit in der Lage, Dankbarkeit zu aktivieren.

Nimm deinen Block zu Hand und notiere dir anschließend, wofür du jetzt dankbar sein kannst und höre erst dann auf, wenn sich dieses großartige Gefühl der Dankbarkeit einstellt und du von Dankbarkeit erfüllt bist.

Hier einige Impulse:

- Wie viele Menschen liegen jetzt gerade schwer verletzt oder krank in Kliniken und ringen um ihr Leben?
- Wie viele Kinder erhalten jetzt gerade eine Chemotherapie und können dennoch lachen?
- Wie viele Menschen wissen heute nicht was sie essen sollen, oder wo sie schlafen sollen?
- Wie viele Menschen haben heute kein Dach über dem Kopf?
- Wie viele Menschen haben ihr Land noch nie verlassen oder kennen so etwas wie Urlaub überhaupt nicht?
- Wie viele Menschen sterben jetzt gerade an Hunger, während bei uns die Menschen immer fetter werden?
- Wie viele Menschen haben jetzt gerade höllische körperliche Schmerzen?
- Wie viele Menschen haben soeben eine geliebte Bezugsperson verloren?
- Wie viele Menschen haben keine Kleidung, während du dir deine Wäsche gewaschen aus dem Schrank nehmen kannst?
- Wie viele Menschen können weder lesen, noch rechnen oder schreiben, während dies für dich eine Selbstverständlichkeit ist?
- Wie viele Menschen wurden über einen langen Zeitraum misshandelt, eingesperrt oder vergewaltigt, während du eine sorgenfreie Kindheit haben durftest?

Was könnte in deinem Leben schon morgen anders sein als heute? Und weshalb könntest du»Jetzt« dankbar sein! Notiere jetzt alles, was dir einfällt und trau dich ja nicht, diese Übung auszulassen! ☺

.

Wenn du deine Aufmerksamkeit für mehr als 17 Sekunden auf Dankbarkeit richtest, was wirst du dann wohl in dein Leben ziehen?

Zusammenfassung:
Wer tief in seinem Herzen Dankbarkeit fühlt, der erschafft sich eine Welt, für die er nur noch dankbarer sein kann. Diese letzte mentale Regel ist somit die wichtigste, denn sie sorgt dafür, dass die anderen Gesetzmäßigkeiten für dich und zu deinem Vorteil arbeiten, anstatt gegen dich!

Nehme ab heute nichts mehr als selbstverständlich hin, es sei denn du bist bereit, dies auch bei Krankheit, Leid und Schmerz zu tun!

Tipp 1:
Notiere dir täglich in deinem Arbeitsbuch (du solltest dir ja zwei davon besorgen) alles, wofür du dankbar bist. Schreibe jedem Tag in dein Buch, was dir tolles passiert ist, welche wunderbaren Menschen dir begegnet sind, und wie dankbar du bist für das, was ist. Führe dein „positives Dankbarkeitsbuch" so oft wie möglich mit dir herum und lese darin, damit deine Aufmerksamkeit immer mehr auf die großartigen Dinge in deinem Leben gelenkt wird.

Tipp 2:
Beginne deinen Tag in tiefer Dankbarkeit, beende deinen Tag in tiefer Dankbarkeit und sei während des Tages so oft wie möglich dankbar. Das ist der Schlüssel zu wahrem inneren Glück!

Kapitel 2: So funktioniert dein mentales Navigationssystem

Es gibt ein Ziel, aber keinen Weg.
Was wir Weg nennen, ist Zögern.

Franz Kafka

Du weißt nun, nach welchen Spieregeln das Leben gespielt wird. Bist du nun bereit für deine Veränderungsarbeit?

Prima, dann lass uns gemeinsam beginnen, indem wir uns bewusst machen, dass wir alle dieses sogenannte »mentale Navigationsprogramm« besitzen. Aber wir besitzen dieses Navigationssystem nicht nur, sondern wir alle nutzen dieses System bereits seit Jahren und Jahrzenten. Dabei ist es völlig gleichgültig, ob uns das gefällt oder nicht, ob wir daran glauben oder nicht, oder ob wir das gut finden oder nicht. Die einzige Frage die sich stellt ist: Nutzen wir dieses mentale Navigationssystem zu unserem Vorteil, oder zu unserem Nachteil? Um diese Frage beantworten zu können, müssen wir zuerst einmal verstehen, wie unser mentales Navigationssystem funktioniert. Dabei wollen wir einen direkten Vergleich zu unseren Navigationssystemen herstellen, die wir in unseren Autos verwenden. Beide Systeme, sowohl das Navigationssystem in deinem Wagen (insofern du eines hast), wie auch dein mentales Navigationssystem müssen mit zwei Grundinformationen versorgt und programmiert werden, damit sie optimal für uns arbeiten können:

1. Wo befinde ich mich jetzt?

2. Wo ist mein Ziel?

In den Navigationssystemen unserer Autos wird der aktuelle Standort mit Hilfe der rund 27 bis 30 Satelliten ermittelt, die im Orbit umherschwirren und mit Mutter Erde in ständigem Kontakt stehen. Diese Satelliten orten dich bis auf eine Genauigkeit von ca. 20 Meter. Damit du für die Satelliten lokalisierbar bist, müssen von deinem Navigationssystem ständig Signale (Schwingungen, du erinnerst dich?) ausgestrahlt werden. Die Technik hierfür nennt man GPS - Global Positioning System. Nachdem du mit deinem Wagen geortet wurdest, benötigt dein Navigationssystem nur noch eine Zieleingabe. Die Route wird berechnet und schon kann die Fahrt losgehen.

Dein mentales Navigationssystem (Navi) funktioniert nach demselben Grundprinzip. Auch hier musst du zuerst wissen, wo du dich derzeit befindest, das heißt: »du musst dir deiner gegenwärtigen Umstände bewusst sein und genau wissen, wo du stehst«. Und dann benötigst du natürlich ein klar definiertes Ziel. Beide Informationen sind unabdingbar für dein mentales Navi. Wenn du nur weißt wo du hinmöchtest, also nur dein Ziel kennst, du aber keinen blassen Schimmer darüber hast, wo du dich derzeit befindest, dann kannst du dein Ziel unmöglich erreichen. Wenn du also nach Barcelona möchtest, aber keine Ahnung hast, wo dein aktueller Standort ist, dann kann dein Navi auch keine Route berechnen. Wenn du weißt wo du dich befindest, also dir lediglich dein Ausgangspunkt bewusst ist, du aber kein Ziel eingibst, dann bleibt dein Navi wieder stumm, da es ja nicht wissen kann, wohin der Weg dich führen soll. Sind diese beiden Grundinformationen jedoch gegeben, erfolgt die eigentliche Programmierung und Einspeicherung mit anschließender Routenberechnung.

Schritt 1: **Wo stehst du jetzt**

Der erste Schritt besteht nun darin, festzustellen, wo du dich jetzt befindest. Wenn du z.B. abspecken möchtest, dann musst du zuerst wissen, wie viel Gewicht du jetzt auf die Waage bringst. Damit aber nicht genug, du musst diesen Zustand dann zuerst einmal akzeptieren, damit du nicht die mentale Verkehrsregel Nr. 6 aktivierst:»Was du abwehrst, bleibt bestehen«!

Nochmals zur Erinnerung: Solange wir dem »gegenwärtig unerwünschten Zustand« (GUZ) mit Widerstand begegnen, senden wir schwingungsmäßig Widerstand aus. Gemäß dem Gesetz von Ursache und Wirkung und dem Gesetz der Anziehungskraft können wir somit auch nur Widerstand anziehen. *(Wenn du das noch nicht so ganz verstanden hast, gehe bitte zurück und lese dir das Kapitel 1 nochmals aufmerksam durch.)*

Wie man den gegenwärtig unerwünschten Zustand (GUZ) akzeptieren kann, lernst du später im praktischen Teil.

ÜBUNG 10:

Aktuelle Standort-Ermittlung

Wir können unser Leben immer nur dann optimieren und verbessern, wenn wir ganz genau wissen, wo wir stehen. Alles beginnt daher mit einer Art Standortanalyse, das heißt: Wir müssen unsere aktuelle Position zuerst exakt lokalisieren um zu wissen, was zu optimieren ist. Je gründlicher diese Analyse erfolgt, desto klarer erkennst du, was dein Leben wirklich positiv bereichern und verändern kann. Wir haben diese Standortanalyse in die nachfolgenden 12 Lebensbereiche unterteilt.

1. Beruf und Karriere

Den größten Teils unseres Lebens verbringen wir mit schlafen und arbeiten (jedenfalls die meisten von uns ☺). Wenn wir einmal von 40 Arbeitsjahren ausgehen mit jährlich ca. 250 Arbeitstagen, dann sind wir bei einem durchschnittlichen Arbeitstag von 8 Stunden ca. 80.000 Stunden bei der Arbeit. Die Zeit, in der wir uns zusätzlich gedanklich mit dem Beruf und unserer Karriere auseinandersetzen, noch nicht einmal mit einbezogen.

Wenn wir nun den größten Teil unseres Lebens mit unserem Beruf verbringen, sollten wir uns diese Zeit dann nicht so schön und erfüllt wie möglich gestalten? Wenn ich Montagmorgens unterwegs bin und in die Gesichter der Menschen schaue die gerade in ihre Arbeitswoche starten, dann könnte man den Eindruck gewinnen, sie wären unterwegs in ein Straflager. Überall diese frustrierten Gesichter, diese hängenden Mundwinkel und dieses Montag-Morgen-Syndrom, das bei vielen bereits am Sonntag beginnt.

Ist dir schon aufgefallen, dass es ganz viele Sucher unter der arbeitenden Bevölkerung gibt? Die Sucher begeben sich am Montagmorgen auf die Suche nach dem Feierabend und sind erst dann glücklich, wenn sie diesen am Abend dann endlich gefunden haben. Das machen Sie dann am Dienstag und Mittwoch genauso. Ab Donnerstag machen sie sich dann auf die Suche nach dem Wochenende, das meist am Sonntagnachmittag mit dem Montag-Morgen-Syndrom endet. Man denkt daran, am nächsten Tag wieder zur Arbeit zu müssen und ist frustriert und genervt. Natürlich ist nicht die gesamte arbeitende Bevölkerung so frustriert, es gibt auch viele Berufstätige, die gerne zur Arbeit gehen (auch wenn man es ihnen oft nicht ansieht). Wie erfüllt und glücklich aber kann jemand sein, dem der Beruf oder die Arbeit keinen Spaß macht? Wenn man jeden Morgen widerwillig aufsteht und den ganzen Arbeitstag als einen einzigen Zwang erlebt? Ich kann mir nicht vorstellen, dass so ein Leben wirklich lustig ist.

Prüfen wir nun einmal, wie es um deine berufliche Situation steht. Lies dir dazu bitte die folgenden Fragen durch und notiere in den weißen Feldern dann deine persönliche Bewertung. Diese kann sich zwischen den Zahlen „0" und „10" bewegen. Die Zahl „0" bedeutet „vollkommen unzufrieden", die Zahl „10" dagegen vollkommen zufrieden. Anschließend werden die einzelnen Wertungen zusammengezählt und durch die Anzahl der beantworteten Fragen geteilt. In der Tabelle haben wir Platz gelassen, für eigene, weitere Punkte. Sollte die eine oder andere Frage für dich nicht zu beantworten sein, bitte einfach ignorieren.

Analyse deiner berufliche Situation	☹ 0 - 10 ☺
Wie zufrieden bist du mit deiner beruflichen Position?	7
Wie zufrieden bist du mit deinen Aufgaben.	6
Wie zufrieden bist du mit deinen Arbeitszeiten?	9
Wie interessant findest du deine berufliche Tätigkeit?	9
Wie intensiv kannst du deine Talente ausleben?	7
Wie intensiv kannst du deine Stärken ausleben?	7
Wie viel Freude hast du an deiner Arbeit?	8
Wie gefällt dir dein berufliches Umfeld?	7
Wie gefällt dir dein Arbeitsplatz?	7

Wie erfüllt bist du von dem, was du tust?	8
Wie angemessen empfindest du deine Entlohnung?	6
Wie empfindest du deine Karriere- und Aufstiegs-chancen?	7
Wie zufrieden bist du mit deinen beruflichen Fähigkeiten?	8
Sonstige	
Sonstige	
Sonstige	
Sonstige	
Sonstige	
Summe:	
geteilt durch Anzahl der beantworteten Fragen:	
Durchschnitts-Wert:	7,38

Bitte trage nun den Durchschnittswert in die „Lebensbereich-Analyse"
auf Seite 85 ein.

2. Geld, Einkommen, Finanzen

Von den üblichen Sorgen die man sich machen kann, steht das
„Geld" an oberster Stelle. Unzählige Streitgespräche und
Meinungsverschiedenheiten handeln ums liebe Geld. Dabei geht
es selten darum, dass zu viel davon da ist, sondern Mangel ist das
leidige Thema. Geld-Probleme werden häufig unterdrückt, bis es

nicht mehr geht. Rechnungen werden nicht bezahlt, manchmal sogar nicht mal mehr geöffnet, solange bis wir gezwungen werden, die Augen zu öffnen. Geldsorgen dominieren den Alltag vieler Menschen, obwohl jeder Deutsche im Durchschnitt 81.000 Euro besitzt? Leider ist das Vermögen der Deutschen irgendwie ungleich verteilt, denn nach einer Studie des Deutschen Instituts für Wirtschaftsforschung (DIW) besitzen 10% der Bevölkerung über 2/3 des gesamten Vermögens. So ergibt sich ein mittlerer Wert von ca. 15.000 Euro, das heißt: „50% der Deutschen besitzt weniger als 15.000 Euro, während die andere Hälfte mehr als 15.000 Euro besitzt.

Analyse deiner Finanzen	☹ 0 - 10 ☺
Wie zufrieden bist du mit deinem Einkommen?	5
Wie zufrieden bist du mit deinem frei verfügbaren Kapital?	4
Wie zufrieden bist du mit deinen Barreserven?	0
Wie zufrieden bist du mit deinen Vermögenswerten?	0
Wie zufrieden bist du versichert?	5
Wie zufrieden bist du mit deinen Kapitalanlagen?	
Wie zufrieden bist du mit deinem Finanz-Wissen?	
Wie zufrieden bist du mit deinen finanziellen Möglichkeiten?	3
Wie empfindest du dein Sparverhalten?	5
Wie empfindest du dein Ausgaben-Einnahmen-Verhältnis?	6

Wie zufrieden bist du mit deinen Einkommens-Perspektiven?	7
Wie gut (glaubst du) hast du für deine Rente vorgesorgt?	8
Summe:	
geteilt durch Anzahl der beantworteten Fragen:	
Durchschnitts-Wert:	4,3

Bitte trage den Durchschnittswert jetzt in die „Lebensbereich-Analyse" auf Seite 85 ein.

3. Regeneration, Erholung, Entspannung

Stress dürfte allgemein bekannt eine unserer größten Volkskrankheiten sein. Und obwohl die Krankenhäuser voll sind von überstressten Managern, Bandscheibenpatienten und Herzinfarkt-Kandidaten, die alle unter ihrer mentalen Last zusammenbrechen, werden Entspannungsmethoden wie Meditation, Selbsthypnose, progressive Muskelentspannung, Tai-Chi, QiGong oder Autogenes Training noch immer belächelt. Dabei lautet bereits ein altes Sprichwort:»Wer häufig in sich geht, ist weniger außer sich«! Körper und Geist stehen immer mehr unter Leistungsdruck und so werden wir durch mentalen Stress häufig massiv überfordert. Die Folgen sind Krankheitssymptome unterschiedlicher Art. Körper und Geist vergleiche ich gerne mit einem Muskel. Wird dieser überfordert durch Überbeanspruchung, dann benötigt er Zeit zur Regeneration. Wird ihm diese Zeit nicht gegeben, wird der Muskel mit jeder Beanspruchung schwächer,

66

bis er die Leistung ganz einstellt. Bei uns verhält es sich genau gleich. Wir belasten Geist und Körper, was auch eine ganze Zeit lang gut geht. Nehmen wir uns aber nicht genügend Zeit zur Regeneration, Erholung und Entspannung, zwingt uns das Leben dazu. Man nennt diesen Zwang dann auch gerne einmal Krankheit. Dann *müssen* wir uns die Zeit nehmen, die wir uns freiwillig nicht zugestanden haben. Entspannst du denn regelmäßig?

Analyse deiner Regenerations-Phasen	☹ 0 - 10 ☺
In welchem Verhältnis stehen Stress und Entspannung?	5
Kennst du verschiedene Entspannungsmethoden?	8
Praktizierst du regelmäßige Entspannungsübungen?	9
Hast du ausreichend Schlaf (8 Stunden)?	6
Nimmst du dir genügend Zeit zur Regeneration?	8
Entspannst und regenerierst du auch geistig?	9
Sonstige	
Sonstige	
Summe:	
geteilt durch Anzahl der beantworteten Fragen:	
Durchschnitts-Wert:	7,5

Bitte trage den Durchschnittswert jetzt in die „Lebensbereich-Analyse" auf Seite 85 ein.

4. Persönliche Entwicklung

Alles in diesem Universum befindet sich in einem stetigen Veränderungsprozess, alles wächst, ist in Bewegung und entwickelt sich weiter. Nur wir Menschen sind oft nicht bereit, zu wachsen und uns weiterzuentwickeln. Wir möchten alles so belassen, wie wir es aus unserer Vergangenheit kennen, denn das gibt uns oft ein Gefühl von Sicherheit. Wer aber nicht mit der Zeit geht, der geht mit der Zeit. Wir müssen unsere Ressourcen und Möglichkeiten entfalten, wollen wir im Spiel des Lebens wirklich glücklich mitspielen. Da Wachstum auch immer etwas mit Widerständen zu tun hat, wenden wir uns davon ab und wählen den Weg des geringsten Widerstandes. Glückliche und erfolgreiche Menschen haben eines gemeinsam: »Sie alle sind geniale Problemlöser und Meister im überwinden von Schwierigkeiten und Hindernissen«! Diese Menschen wissen, dass sie mit jedem Problem das Sie gelöst haben, mit jedem Hindernis das sie bewältigt haben und mit jeder Schwierigkeit, die sie gemeistert haben, immer glücklicher und erfolgreicher werden. Sie entfalten ihre Ressourcen und bekommen so mehr und mehr Vertrauen in sich und ihre eigenen Fähigkeiten.

Ich selbst stand vor über 20 Jahren zum ersten Mal vor der Aufgabe, vor großem Publikum zu sprechen. Knapp 500 Menschen im Saal, und wenn keine Blinden dabei sind, dann würden 1000 Augen auf mich schauen – so jedenfalls waren damals meine Gedanken. Was für ein gigantisches Problem. Ich hatte so dermaßen die Hosen voll, dass ich nach Gründen und Möglichkeiten suchte, den Vortrag nicht halten zu müssen. Aber irgendwie war ich nicht kreativ genug, um aus dieser Nummer wieder auszusteigen. Ich musste mich diesem scheinbar unüberwindbaren Hindernis also stellen. In meiner Vorstellung sah ich bereits, wie die Zuhörer den Raum verließen, mich auslachten oder wüst beschimpften. In meinem Kopf lief ein wahrer Horrorfilm ab, der immer schlimmer wurde, je näher die Veranstaltung kam.

Als der Tag dann gekommen war und ich angekündigt wurde, war ich heilfroh, einen dunklen Anzug gewählt zu haben, denn die Schweißränder die bis beinahe ans Handgelenk gingen, wären wohl kaum zu übersehen gewesen. Mein Herz hat so schnell pulsiert, dass ich dachte, jeder könnte meine Halsschlagader pochen sehen. Mit zitternder Stimme (das Publikum hat dies wohl nicht so bemerkt, wie mir anschließend gesagt wurde) habe ich meinen Vortrag begonnen. Nachdem es mir tatsächlich gelang, den ein- oder anderen Lacher zu erzeugen und die Zuhörer sogar klatschten, war das für mich wie eine Droge. Ich redete mich fast in Trance, stand wie neben mir und hörte mir angetan selbst zu. Mein größtes Problem wurde zu meiner Berufung. Ist das nicht der absolute Hammer?

Im Laufe der Zeit habe ich erkennen dürfen, dass meine größten Stärken aus meinen größten Schwierigkeiten entstanden sind. Ich glaube daher, dass eine starke Persönlichkeit nur aus Widerständen, Hindernissen und Schwierigkeiten erwachsen kann, denn wer diese erfolgreich gemeistert hat, der hat jede Menge an Potentialen entfaltet und sich selbst entwickelt. Ziele sind – wie bereits erwähnt - selbst erschaffenen Probleme und Widerstände, denn auch hier musst du Ressourcen entfalten, die du jetzt noch nicht hast, um dieses Ziel auch erreichen zu können. Ob das wohl der Grund ist, weshalb sich so wenige Menschen mit echter Zielsetzung befassen? Wie sieht es nun mit deiner Persönlichkeitsentwicklung aus?

Analyse deiner Persönlichkeits-Entwicklung	☹ 0 - 10 ☺
Hast du klare Ziele?	9
Arbeitest du täglich daran, dich weiter zu entwickeln?	7
Konzentrierst du dich auf das Wesentliche?	7
Fällt es dir leicht, NEIN zu sagen?	5
Besuchst du regelmäßig Seminare und Weiterbildungen?	10
Wie zufrieden bist du mit deinem Selbstbewusstsein?	6
Wie zufrieden bist du mit deinem Allgemeinwissen?	6
Wie zufrieden bist du mit deinem kommunikativen Verhalten?	6
Wie frei bist du von der Meinung anderer?	7
Wie zufrieden bist du mit deinem Bildungsstand?	7
Fällt es dir leicht, auf andere zuzugehen?	7
Fällt es dir leicht, einen Arzt ohne Titel anzusprechen?	8
Fällt es dir leicht, eingeladen zu werden und kein Gastgeschenk mitzubringen?	9
Fällt es dir leicht, etwas anzunehmen, ohne dich gleich revanchieren zu müssen?	5
Hast du es hinter dir gelassen, anderen gefallen zu wollen?	7
Sagst du ehrlich deine Meinung, auch wenn du	8

auf Ablehnung stoßen könntest.	
Sonstiges	
Sonstiges	
Summe:	
geteilt durch Anzahl der beantworteten Fragen:	
Durchschnitts-Wert:	*7,13*

Durchschnittswert bitte in die „Lebensbereich-Analyse" auf Seite 85 eintragen.

5. Gesundheit, Energie, Vitalität, Fitness

Mit unserem Auto würden wir niemals so Schindluder betreiben, wie mit unserer Gesundheit. Dabei vergessen wir, dass wir unseren Körper nicht gebraucht verkaufen können, wenn er anfängt, seinen Geist aufzugeben. Unser Körper ist unser größter Schatz, daher sollten wir ihn hegen, pflegen und über alle Maße hinaus lieben. Wir sollten dafür sorgen, dass er alles erhält was er braucht. Zusätzlich möchte unser Körper ausreichend bewegt werden, so dass er uns fit und vital bis ins hohe Alter zur Verfügung steht. Negative Emotionen sind übrigens pures Gift für den Körper. Fast so schädlich, wie wenn du bei deinem Wagen Zucker in den Tank geben würdest. Krankheitssymptome sind für mich nichts anderes, als verdrängte Gedanken die in den Körper gegangen sind, um dort sichtbar und spürbar auf sich aufmerksam zu machen. Schauen wir uns nun einmal deinen Gesundheitszustand etwas genauer an!

Analyse deiner Gesundheit und Vitalität	☹ 0 - 10 ☺
Wie zufrieden bist du mit deinem Gesundheits-zustand?	6
Wie würde ein Arzt deinen Gesundheitszustand bewerten?	8
Wie gesund bist du bezogen auf dein Gewicht?	8
Wie ist es um deine Fitness bestellt?	6
Wie vital und kraftvoll fühlst du dich?	5
Wie gesund ernährst du dich?	4
Lässt du dich regelmäßig ärztlich durchchecken?	7
Kommst du morgens leicht aus dem Bett?	5
Treibst du mindestens 3x wöchentlich Sport?	3
Bist du frei von Süchten und Drogen?	2
Hast du genügend Energie und Power im Alltag?	3
Bist du frei von übermäßigen Süßigkeiten und Zucker?	7
Ist dein Säure-Basen-Haushalt okay?	8
Sonstiges	
Summe:	
geteilt durch Anzahl der beantworteten Fragen:	
Durchschnitts-Wert:	5,53

Durchschnittswert bitte in die „Lebensbereich-Analyse" auf Seite 85 eintragen.

6. Mental-Emotionaler Zustand

Dein mental-emotionaler Zustand ist ursächlich für deine Lebensqualität. Wäre es da nicht sinnvoll, alles zu tun und zu erlernen, wie man sich jederzeit in einen Top-Zustand bringen kann? Was glaubst du, wie erfolgreich und glücklich du sein kannst, wenn du dich häufiger mies und schlecht fühlst, als gut und positiv? Vielleicht denkst du: „Ich wäre ja glücklich, wenn die Umstände okay wären!" So aber wird das Spiel nicht gespielt. Du kannst nicht vor einen Ofen hinsitzen und sagen: »Lieber Ofen gib mir Wärme, dann geb ich dir auch Holz«. Du musst zuerst das Holz auflegen, um es warm zu haben, ebenso wie du dich zuerst gut fühlen musst, um gute Umstände anzuziehen.

Analyse deiner mental-emotionalen Verfassung	☹ 0 - 10 ☺
Wie groß ist deine Zufriedenheit?	3
Wie groß ist deine Zuversicht und Hoffnung?	6,5
Wie groß ist dein Optimismus und Geduld?	5
Wie groß ist deine Begeisterung, Hingabe, dein Glücklich sein?	3
Wie groß ist deine Freude, Leidenschaft, Passion?	5,5
Wie intensiv lebst du Liebe, Glückseligkeit, Macht, Freiheit, Dankbarkeit, Wertschätzung, Ekstase?	2
Wie frei bist du von Langeweile?	5
Wie frei bist du von Pessimismus und Sorgen?	3
Wie frei bist du von Frustration, Irritation und Ungeduld?	3
Wie frei bist du von Zweifel?	4

Wie frei bist du bezüglich Vorwürfen und Schuldzuweisungen?	7
Wie frei bist du von Hass, Wut, Zorn und Aggression?	8
Wie frei bist du von Neid, Missgunst, Eifersucht und Scham.	8
Wie frei bist du von Unsicherheit, Minderwertigkeitsgefühlen, geringem Selbstwert und Schuldgefühlen?	7
Wie frei bist du von Furcht, Angst, Trauer, Depression, Verzweiflung, Resignation, Ohnmacht, Selbstzerstörung?	3
Summe:	
geteilt durch Anzahl der beantworteten Fragen:	
Durchschnitts-Wert:	4,73

Durchschnittswert bitte in die „Lebensbereich-Analyse" auf Seite 85 eintragen.

7. Ehe, Partnerschaft

Im Laufe der letzten Jahre habe ich in unzähligen Coachings erlebt, wie problematisch Beziehungen und Partnerschaften von den Beteiligten selbst gestaltet werden. Statt in der Partnerschaft Kraft zu tanken, entpuppen sich viele Beziehungen als Energiefresser, die mehr Frust als Kraft einbringen.

Vor einiger Zeit hatte ich ein Pärchen – Frank und Ilona - im Coaching. Sie erzählten mir, dass in Ihrer Beziehung einfach die Luft raus wäre, dass sie sich auseinander gelebt hätten und dass auch sexuell schon lange Flaute herrschte. Nach intensiver Analyse zeigte sich, dass fehlende Kommunikation und das sehr schwache Selbstwertgefühl der Beiden ursächlich war, für diesen doch sehr heftigen Beziehungskonflikt. Sobald einer der Beiden ein Bedürfnis äußerte, fühlte sich der andere angegriffen und begann damit, wild um sich zu schießen. Schuldvorwürfe und gegenseitige Anschuldigungen wechselten die Seite wie in einem Volleyballspiel. Als ich die Streithähne fragte, wie oft sie sich denn gegenseitig so an den Pranger stellen, antworteten sie:»So gut wie nie, das hier wäre die rühmliche Ausnahme«.

Weiteres Nachfragen ergab, dass sowohl Ilona als auch Frank vor langer Zeit aufhörten, miteinander zu kommunizieren. Zu groß war die Angst vor einem Konflikt, also wurden Gespräche und mögliche Auseinandersetzungen vermieden. Beide hüllten sich in Schweigen, denn sie wussten: Würden sie ihre Bedürfnisse dem Partner gegenüber äußern, würde sich dieser angegriffen fühlen und sich entsprechend verteidigen. Die Folge wäre ein Streit, der letztendlich zu keinem echten Resultat führen würde. Ist das Kind mal soweit in Brunnen gefallen, beginnt nicht selten ein unbewusster Rachefeldzug. Der Partner möchte z.B. Sex, und man selbst entzieht sich dem, streng nach dem Motto:»Ich bekomme ja auch nicht was ich will«! Dieses Spiel wird dann über Monate und Jahre getrieben, bis man sich dann vor dem Richter anlässlich der so sehr herbeigesehnten Scheidung wiedersieht.

Hier einige Fakten, damit dir bewusst wird, wovon ich spreche. Die folgenden Zahlen habe ich vom statistischen Bundesamt

Deutschland. Sie machen deutlich, wie mies die meisten deutschen Partnerschaften geführt werden.

	2005	2006	2007
Eheschließungen	388 451	373 681	368 922
Ehescheidungen	201 693	190 928	187 072

Wie du siehst, sind Partnerschaftsprobleme allgegenwärtig. Schön ist, dass die Scheidungen aktuell etwas zurückgehen (vielleicht waren diese Paare ja bei uns auf Seminar oder im Coaching☺)

Analyse deiner mental-emotionalen Verfassung	☹ 0 - 10 ☺
Wie offen kannst du mit deinem Partner über alles sprechen (einschließlich Probleme und sexuelle Bedürfnisse)?	0 8 5
Wie bewertest du eure Kommunikation?	2 6 4
Lässt du deinen Partner ausreden?	2 6 7
Kannst du gut zuhören?	3 6 7
Wie empfindest du den Umgang miteinander?	2 5 7
Habt ihr ausreichende gemeinsame Interessen?	2 3 7
Verbringt ihr ausreichend Zeit miteinander?	0 9 5
Geht ihr liebevoll und wertschätzend miteinander um?	3 4 7
Unternehmt ihr viel gemeinsam?	0 4 7
Genießt du die Zeit mit deinem Partner?	8 5 7

Frage			
Bist du wirklich bemüht, um eine glückliche Beziehung?	5	4	8
Sprichst du über Fehler und bemühst dich um Optimierung?	7	3	7
Sind die Aufgaben (Hausarbeit) zu Hause fair verteilt?	0	2	6
Bedankst du dich regelmäßig bei deinem Partner (für waschen, kochen bügeln, finanzielle Versorgung, Gartenarbeit, usw.?	6	3	2
Findet ihr gegenseitigen Halt in eurer Beziehung?	0	7	9
Vertraust du deinem Partner?	0	5	10
Vertraut dein Partner dir?	0	5	10
Bis du deinem Partner treu?	0	10	10
Bist du zufrieden mit eurem Sexualleben?	0	3	4
Bist du zufrieden mit eurer gemeinsamen Freizeitgestaltung?	0	2	4
Bist du stolz auf deinen Partner?	0	3	6
Gefällt dir dein Partner (noch immer)?	0	5	6
Sonstiges			
Summe:			
geteilt durch Anzahl der beantworteten Fragen:			
Durchschnitts-Wert:	0	4,9	6,6

Durchschnittswert bitte in die „Lebensbereich-Analyse" auf Seite 85 eintragen.

8. Familiäre Situation

Schauen wir uns jetzt deine Familie etwas genauer an. Dieser Bereich bringt nicht selten heftige Blockaden und Sabotageprogramme zum Vorschein, die wir im Umgang mit unserer Familie bereits in frühester Kindheit einprogrammiert (bekommen) haben und die seither auf unbewusster Ebene ein Eigenleben führen, in Form von einschränkenden Überzeugungen über uns selbst und das Leben.

Analyse deiner Beziehung / Partnerschaft	☹ 0 - 10 ☺
Wie ist/war dein Verhältnis zu deinen Geschwistern?	7
Wie ist/war dein Verhältnis zu deinen Großeltern?	9
Wie ist/war dein Verhältnis zu deinen Tanten/Onkels?	3
Wie ist/war das Verhältnis zu deiner Mutter?	8
Wie ist/war das Verhältnis zu deinem Vater?	8
Bist du frei von Schuldzuweisungen und Vorwürfen gegenüber deinem Vater?	8
Bist du frei von Schuldzuweisungen und Vorwürfen gegenüber deiner Mutter?	6
Bist du frei von Wut, Zorn und Groll bezüglich deiner Eltern?	8
Wie ist das Verhältnis zu deinen eigenen Kindern?	7
Verbringst du ausreichend Zeit mit deinen Kindern?	7

Verbringst du ausreichend Zeit mit deiner Familie?	7
Verbringst du aus Sicht deiner Familie ausreichend Zeit mit ihnen?	6
Kannst du dich auf deine Familie verlassen?	9
Wie wichtig ist dir deine Familie?	10
Sonstiges	
Sonstiges	
Sonstiges	
Sonstiges	
Sonstiges	
Summe:	
geteilt durch Anzahl der beantworteten Fragen:	
Durchschnitts-Wert:	7,36

Durchschnittswert bitte in die „Lebensbereich-Analyse" auf Seite 85 eintragen.

9. Beziehungen, Freunde, Kontakte

Interessante Beziehungen, gute Kontakte und intensive Freundschaften sind aus den unterschiedlichsten Gründen wichtig für unser Leben. Wer über gute Kontakte und hochwertige Beziehungen verfügt, hat es leichter im Leben. Immer mehr Geschäfte werden über vorhandene Beziehungsnetzwerke abgewickelt, und sehr viele Jobs, Wohnungen oder Ferienhäuser erhält man oft nur noch über vorhandene Kontakte. Der eine kennt den anderen, der wiederum jemanden kennt, der einen weiteren kennt, der uns eine wichtige Tür öffnen könnte. Aus meiner Sicht werden Beziehungsnetzwerke und gute Kontakte immer wichtiger. Ratsam ist also, keinen Beruf und keine Arbeit mehr zu belächeln und Menschen nicht zu verurteilen oder abzuwerten, diese Menschen könnten Kontakte haben, die für uns selbst wichtig sein könnten. Wer über gute und intensive Freundschaften verfügt, effektive Beziehungen und hochkarätige Kontakte pflegt, der geht den Weg der Leichtigkeit. Hast du denn solche Freundschaften, Beziehungen und Kontakte?

Analyse deiner Freundschaften und Kontakten	☹ 0 - 10 ☺
Hast du ausreichend gute Freunde?	1
Pflegst du diese Freundschaften?	3
Wenn du von heute auf morgen alles verlieren würdest, gäbe es Freunde, die wirklich für dich da wären?	1
Verbringst du genügend Zeit mit deinen Freunden?	1
Wie gefällt dir die Freizeitgestaltung mit deinen Freunden?	1
Schöpfst du Kraft und Energie aus deinen Freundschaften?	1
Verfügst du über interessante Kontakte?	5,5
Verfügst du über ein intaktes Beziehungsnetzwerk?	3
Wenn du einen Handwerker, Makler, Fahrradhändler oder Finanzprofi benötigst, hast du dann ausreichend Kontakte?	4

Verfügst du nach deiner Ansicht über ausreichend Vitamin B?	
Sonstiges	
Sonstiges	
Sonstiges	
Summe:	
geteilt durch Anzahl der beantworteten Fragen:	
Durchschnitts-Wert:	2,28

Durchschnittswert bitte in die „Lebensbereich-Analyse" auf Seite 85 eintragen.

10. Wohnsituation, Heim

Nach einem anstrengenden Tag kommst du nach Hause. Du öffnest die Tür, legst deine Kleidung ab und …? Wie fühlst du dich jetzt zu Hause? Genießt du dein Zuhause, deine Möbel, deine Einrichtung, oder fühlst du dich nicht so wohl? Wenn du durch deine Wohnung oder durch dein Haus gehst (mach das jetzt ruhig mal), was stört dich dann alles? Bilder, Möbel, Raumaufteilung, Platzangebot, oder bist du rundherum zufrieden? Ist es so ordentlich, wie du es dir wünschst und entsprechend gestaltet?

Dein Zuhause sollte ein Ort der Entspannung, des Wohlgefühls und der Freude sein, eine Art Kraftort an dem du neue Energie auftanken kannst. Wenn du dich Zuhause auch noch unwohl fühlst, wo und wie möchtest du dann deine Akkus wieder aufladen? Wie also wohnst du?

Gehe also mal ganz kritisch durch deine Wohnung oder dein Haus und prüfen: Möchte ich so wirklich wohnen?

Analyse deiner Wohnsituation	☹ 0 - 10 ☺
Wohnst du an dem Ort, wo du wirklich wohnen willst?	3
Wohnst du in der Umgebung, in der du leben möchtest?	2
Entspricht deine Wohnung, oder dein Haus deinen Vorstellungen?	0
Entspricht deine Einrichtung deinen Vorstellungen?	2
Entspricht dein Balkon oder Garten deinen Vorstellungen?	0
Wie groß ist dein Wohlgefühl zu Hause?	4
Wie intensiv kannst du dich zu Hause erholen und auftanken?	7
Hast du einen erholsamen Schlafplatz?	7
Gefallen die deine Bilder oder Dekorationen?	7
Bist du zufrieden mit deinem Mobiliar?	2
Bist du gerne Zuhause?	5
Summe:	
geteilt durch Anzahl der beantworteten Fragen:	
Durchschnitts-Wert:	3,55

Durchschnittswert bitte in die „Lebensbereich-Analyse" auf Seite 85 eintragen.

11. Hobbys und Freizeitgestaltung

Neben deinem Zuhause werden deine Akkus zusätzlich noch aufgeladen durch deine Hobbys und Freizeitaktivitäten. Wer also nur Zuhause herumsitzt, besessen vom ständigen Fernsehen, der baut sich sicher keine guten Kontakte auf, noch weniger aber erfährt dieser Schlag Menschen, was echte Lebensqualität bedeutet. Spannende und erfüllende Hobbys und eine interessante Freizeitgestaltung sind wie Therapie. Wer beides nicht hat, der hängt schnell in seiner Bequemlichkeitszone, in der man nur noch herum lümmelt und zu nichts mehr zu gebrauchen ist. Man wird schwerfällig und lustlos und redet sich ein, zufrieden zu sein. Tatsächlich aber sind die Akkus leer und werden nicht mehr nachgeladen. Vielleicht ist deshalb das so häufig gehörte Burnout-Syndrom so gegenwärtig - man findet keinen geeigneten Ausgleich mehr zur beruflichen Aktivität.

Analyse deiner Hobbys und Freizeitaktivitäten	☹ 0 - 10 ☺
Hast du Hobbys und Interessen, die dir wirklich Freude machen und dir Energie bringen?	7
Nimmst du dir genügend Zeit, für diese Hobbys und Interessen?	6
Wie erfüllend empfindest du deine Freizeitgestaltung?	5
Wie erfüllend empfindest du deine Hobbys?	7
Machst du ausreichend Urlaub?	6
Entsprechen deine Urlaube deinen Vorstellungen?	0
Kannst du aus finanziellen Aspekten deine Freizeit gestalten wie du dir vorstellst?	0

Empfindest du deine Freizeitgestaltung als einen angemessenen Ausgleich zu deinem Berufsleben?	2
Freust du dich auf deine Freizeit, auf deine Hobbys?	45
Sonstiges	
Sonstiges	
Sonstiges	
Summe:	
geteilt durch Anzahl der beantworteten Fragen:	
Durchschnitts-Wert:	4,2?

Durchschnittswert bitte in die „Lebensbereich-Analyse" auf Seite 85 eintragen.

12. Bewusstsein und Spiritualität

Kommen wir zu dem letzten Lebensbereich, bei dem immer noch viele Menschen die Hände über dem Kopf zusammen schlagen – Spiritualität und Bewusstsein.

Analyse von Bewusstseins / Spiritualität	☹ 0 - 10 ☺
Wie sehr bist du in Kontakt mit deiner Intuition?	8
Wie bewusst sind dir deine Denksysteme und Emotionen?	8
Wie bewusst sind dir deine Verhaltensmuster?	8

Wie bewusst kommunizierst du?	6
Wie sehr lebst du im Einklang mit dir selbst?	7
Wie oft meditierst du um mit deinem wahren Sein in Kontakt zu kommen?	1·3
Wie sehr glaubst du an eine größere Intelligenz oder Kraft?	6
Wie sehr glaubst du, untrennbar mit dieser Kraft verbunden zu sein?	6
Wie groß ist dein Vertrauen in dich und das Leben?	5
Wie frei bist du vom zwanghaften Denken?	0
Wie präsent lebst du im gegenwärtigen Augenblick (statt ständig über Vergangenes und Zukünftige zu sinnieren)?	3
Wie frei bis du von Ego-Spielchen (wie recht haben wollen)?	8
Sonstiges	
Sonstiges	
Sonstiges	
Sonstiges	
Summe:	
geteilt durch Anzahl der beantworteten Fragen:	
Durchschnitts-Wert:	5,67

Durchschnittswert bitte in die „Lebensbereich-Analyse" auf Seite 85 eintragen.

Lebensbereich-Analyse

Trage hier bitte deine einzelnen Ergebnisse deiner bisherigen Arbeit ein. Runde deine Werte auf oder ab, wie du das aus der Schule kennst und setze entsprechend deine Kreuze. Sind alle Lebensbereiche eingetragen, erkennst du sehr schnell deine »Baustellen«, also die Bereiche, die dir das Leben am stärksten erschweren.

	☹ Baustelle				☺ Optimierbar				☺ Prima		
	0	1	2	3	4	5	6	7	8	9	10
1. Beruf und Karriere								X			
2. Geld, Einkommen, Finanzen					X						
3. Regeneration, Entspannung								X			
4. Persönliche Entwicklung								X			
5. Gesundheit, Vitalität, Fitness							X				
6. Mental-Emotionaler Zustand						X					
7. Ehe und Partnerschaft	X					X	X				
8. Familiäre Situation								X			
9. Beziehung, Freunde, Kontakte			X								
10. Wohnsituation, Heim				X							
11. Hobbys, Freizeitgestaltung					X						
12. Bewusstsein, Spiritualität							X				

Wenn du beginnst, diese Baustellen in Ordnung zu bringen, steigt deine Lebensqualität, dein Wohlgefühl und deine Zufriedenheit in unglaublichem Maße. Du veränderst deine eigene Schwingung und damit auch deine zukünftigen Resultate.

Schmerzkörper-Aktivierung

Diese Standort-Analyse hat zum Ziel, in dir eine Unzufriedenheit auslösen, einen inneren Schmerz, der dich veranlasst, ins Handeln zu kommen. Wir alle haben zwei grundlegende Antreiber in uns, die unser Verhalten beeinflussen, nämlich Freude und Schmerz! Entweder wir werden vom Schmerz, oder von der Freude angetrieben. Ein zufriedener Mensch verändert nichts. Und wenn du dir deine Unzufriedenheit nicht bewusst machst, sie unterdrückst und verdrängst, dann kommst auch du nicht ins Handeln. Ist dir schon mal aufgefallen, wie viele Menschen mit kaputten Zähnen herumlaufen? Gelb, verfault und übel riechend? Weshalb aber gehen diese Menschen nicht zum Zahnarzt, obwohl sie krankenversichert sind? Weil der mentale Schmerz, die Angst vor der Behandlung größer ist, als der Schmerz durch den Steinbruch im Mund. Erst wenn der physische Schmerz den Mentalen übersteigt, wird der Weg zum Zahnarzt leichter. Die Freude auf das Gefühl nach der Behandlung steigt mit dem physischen Schmerz. Erst wenn dieser nahezu unerträglich ist, lassen viele Patienten diese Katastrophe im Mund sanieren.

Kennst du selbst solche Situationen? Staub und Schmutz können wir bis zu einem gewissen Punkt ertragen, dann aber *müssen* wir sauber machen. Wenn der mental-emotionale Schmerz zu groß wird, dann erst handeln wir. Ich habe so viele Menschen kennen gelernt, die erst dann aus den Hüften kamen, wenn der Schmerz nicht mehr auszuhalten war. Es gibt beispielsweise Frauen, die lassen sich solange von ihrem Partner misshandeln und prügeln, bis das Fass überläuft. Andere lassen sich auf andere Art demütigen, bis auch ihnen mal die Hutschnur hochgeht.

Diese Art von Verhaltensmuster zeigt sich schon in so banalen Dingen wie der Steuererklärung. Du weißt genau, du solltest deine Steuer erledigen, aber der mental-emotionale Schmerz ist einfach zu groß. Also zaubern wir ein antrainiertes Muster aus dem Hut und reagieren auf diese Situation mit Aufschieberittis. Das machen wir dann solange, bis ein Zwangsgeld angedroht wird, oder bis ein solches sogar fällig wird (manche warten auch etwas länger). Wir alle ticken nach dem Muster:

Schmerz vermeiden → Freude und Lust gewinnen!

Hast du schon mal davon gehört, dass es Konsumenten gibt, die weit über ihre Verhältnisse leben? Da wird in Katalogen bestellt, in Warenhäusern geshoppt, Autos und Toaster geleast, bis finanziell nichts mehr geht. Was dann folgt ist eine Flut von Gläubigerschreiben, die logischerweise alle ihre Kohle wollen. Manche Gläubiger lassen sich dabei von Inkassofirmen, andere gleich von Juristen zur Geldeintreibung vertreten - ein Gläubiger-brief nach dem anderen landet im Briefkasten. Und was passiert dann? Tatsächlich wird in vielen Fällen entweder der Briefkasten nicht mehr geleert, oder die Post wird nicht mehr geöffnet. Weshalb aber gehen manche Schuldner so vor?

Ganz einfach, wenn die Post nicht mehr geöffnet wird, dann weiß der Schuldner ja auch nicht, was drin steht. Logische Konsequenz: »man hat keinen wirklichen Grund sich schlecht zu fühlen«. Im nächsten Schritt sucht man sich eine große Schublade, damit viele solcher Liebebriefe darin Platz haben. Wachgerüttelt werden diese Menschen dann erst, wenn der Kuckuck (Gerichtsvollzieher) mehrfach klingelt. ☺

Ignoranz löst keine Probleme, sondern erschafft sie. Das einzige was dadurch aktiviert wird, ist das Schneeballprinzip:»Ein kleiner Schneeball, der im Schnee ins Rollen gebracht wird, baut sich auf, wird größer und größer bis zur Lawine«. Und manch einer fühlt sich dann von dieser selbsterschaffenen Lawine überrollt und erschlagen.

Deine Baustellen deiner Lebensbereich-Analyse sind solche kleine Schneebälle. Achte darauf, dass sie sich nicht aufbauen, größer werden und du sie erst dann bemerkst, wenn sie dich überrollt haben, wie z.b. durch Krankheit, Arbeitslosigkeit, Geldmangel oder indem dich der Partner verlässt. Jedes große Problem war irgendwann einmal klein und unscheinbar. Es wäre ein Leichtes gewesen, es in diesem anfänglichen Zustand zu lösen. Unbewusstheit, Verdrängen und Unterdrücken bauen das Problem auf, bis es sich dann gigantisch groß und als scheinbar unlösbar präsentiert. Wenn du also jetzt deine Aufmerksamkeit auf deine Baustellen richtest, dann siehst du all die kleinen Probleme, die zum Wachsen bereit sind, wenn du sie jetzt ignorierst. Sie sind bereit, größer zu werden, sodass du sie dir früher oder später eh anschauen musst. Warum also nicht gleich?

Schritt 2: **Du musst wissen, wo du hin willst**

Du weißt nun ganz genau, was du nicht mehr möchtest. Und so stellt sich die Frage:»Was willst du stattdessen? Was sind deine Ziele«?

Und damit haben wir schon das nächste Problem, denn die meisten Menschen wissen nicht, was sie wollen. Sie wissen ganz genau, was »sie nicht« wollen, haben aber meist keine konkrete Vorstellung davon, wo die Reise hingehen soll. Hast du schon mal versucht, in deinem Navigationssystem im Auto einzugeben:»Ich will nicht nach Hamburg? Nicht in die Beethovenstraße 5?« Oder hast du schon einmal in einem Versandhaus angerufen und gesagt:»Ich möchte kein rotes Kleid«? Oder am Bahnhof am Schalter beim Ticketkauf gesagt:»Ich will nicht nach Köln«?

Es reicht nicht aus zu wissen, was du nicht willst. Fakt ist, du benötigst ein klares Ziel. Du musst genau wissen, was du willst. Denke immer an dein Auto:»Keine Zieleingabe, keine Veränderung«. Natürlich kannst du mit deinem Auto auch einfach mal drauf los fahren, ohne Ziel. Nur, wo willst du dann ankommen?

1953 wurde an der Universität von Yale eine Langzeitstudie durchgeführt. Dabei wollte man herausfinden, wie viele dieser begabten jungen Absolventen klare Ziele und Pläne für Ihre Zukunft haben. Das Erstaunliche dabei war, dass nur 3% dieser Absolventen eine klare Vorstellung von ihrer Zukunft hatten. Nur 3% hatten klare Ziele. 1973 wurden dieselben Menschen erneut befragt, man wollte wissen, was aus ihnen geworden ist. Das Ergebnis war, dass die 3% Absolventen die Ziele hatten, mehr erreicht haben, als die restlichen 97% zusammen.

Wir benötigen also klare Ziele. Wenn du z.B. großen Hunger hast, dann hast du doch auch ein Ziel. Du möchtest...?

Essen? Nein, du möchtest nicht essen, du möchtest »satt« werden. Und wie in diesem Beispiel verhält es sich auch im Leben. Statt Ziele, haben die meisten Menschen Wünsche und Träume und überlegen sich dann, auf welchem Weg sie dieses Ziel erreichen können. Sie verwechseln den Weg mit dem Ziel.

Gehen wir wieder einmal zurück zu unseren Navigationssystem im Auto.

- Gibst du hier dein Ziel oder den Weg ein?
- Und was geschieht, wenn du dich mal verfährst?
- Wie weit musst du während der Fahrt maximal voraussehen können?
- Was machst du, wenn mal Stau ist, oder du umgeleitet wirst?
- Muss dir der Weg gefallen?
- Musst du den Weg kennen?

Nein! Du musst den Weg weder kennen noch mögen, du musst ihn nur bis zu Ende fahren. Und solltest du mal etwas unkonzentriert sein und von der Route abkommen, so führt dich dein Navi immer wieder zurück auf die richtige Route. Während der Fahrt reicht es aus, wenn du nur immer das sehen kannst, was sich die nächsten zweihundert Meter vor dir befindet. Es gibt nur eine Sache, die du nie tun darfst: »umdrehen, wenn es dir zu lange geht oder zu beschwerlich wird«! Du musst immer weiter vorwärts fahren, bis du am Ziel angekommen bist! Wenn du also von Frankfurt nach München fahren möchtest und in Stuttgart in einen Stau gerätst, dann kannst du geduldig abwarten bis sich der Stau wieder auflöst, oder rechtzeitig deine Route verlassen und einen Umweg fahren.

Nur umdrehen darfst du in keinem Fall, wenn du dein Ziel erreichen möchtest. Klingt doch logisch oder?

Dein mentales Navigationssystem funktioniert exakt gleich:

1. Du musst wissen wo du stehst und diesen Ausgangspunkt akzeptieren.
2. Du musst genau wissen, wo du hin möchtest.

Deine Baustellen kennst du ja nun. Was aber möchtest du stattdessen? Was genau sind deine Ziele? Nimm nun am besten deine Baustellen und formuliere daraus die erwünschten Endzustände. Vielleicht hilft dir das folgende Beispiel bei deiner Zieleausarbeitung.

Schritt 1: Wo stehst du jetzt?
Ich bin unzufrieden mit meinem Einkommen und auch mit meinem Arbeitsplatz.

Schritt 2: Wo willst du hin? Was ist dein Ziel?
Ich will jeden Monat 4.000 Euro verdienen und einen Beruf ausüben, der mir rundherum Spaß macht.

Diese beiden Schritte reichen aber noch nicht ganz aus, denn für die spätere Ziel-Programmierung müssen wir ganz bestimmte Kriterien einhalten, die wir nun ausführlich behandeln wollen.

Kriterien für wohlgeformte Ziele:

● **Du benötigst kraftvolle Ziele**

Deine Ziele sollten so großartig sein, dass du **wir** wirklich alle zehn Finger danach leckst. Alleine der Gedanke an deine Ziele sollte dich in Ekstase versetzen. Ein Ziel darf sich also nicht nur gut anfühlen, es muss sich spitzenmäßig anfühlen. Ist dem nicht so, dann kommst du auch nicht ins Handeln, dein Ziel ist dann einfach nicht wichtig genug. Wenn es nur „nett" wäre, dann fehlt dir die Power, das Ziel zu erreichen. Stell dir mal vor du wohnst in Stuttgart und in München hat ein neuer McDonald`s aufgemacht. Eröffnungsgeschenk ist ein Cheeseburger. Fährst du hin? Wohl kaum (insofern du noch alle Latten am Zaun hast). Würde aber in München ein Konzert laufen mit deiner Lieblingsgruppe, die du schon immer mal live erleben wolltest, dann würdest du sicher hinfahren, wenn du Top-Karten geschenkt bekommst, nicht wahr? Wir benötigen also emotional kraftvolle Ziele!

● **Formuliere deine Ziele positiv (Hin zu ...)**

Achte darauf, dass dein Ziel immer beschreibt, was du willst und nicht, was du nicht willst. »Ich will keine Schulden mehr haben« wäre fatal, denn dein Unterbewusstsein assoziiert jedes Wort mit einem Bild. Denke jetzt bitte nicht an einen »weißen Sandstrand in der Karibik«, dann wirst du bemerken, dass du sofort an »einen weißen Sandstrand in der Karibik« denkst. Wörtchen wie »nicht oder kein« werden von deinem Unterbewusstsein nicht registriert und somit einfach ignoriert. Die Wörter »keine Schulden« werden zu einem Bild von »Schulden«. Aussagen wie »Sie werden diesen Kauf nicht bereuen«, sind beispielsweise echte Verkaufskiller. Auf unbewusster Ebene kommt beim Kunden

»bereuen« an, also genau das, was nicht gewünscht wird. Derzeit haben wir weltweite Panikmache vor der »Schweinegrippe«. Im Fernsehen und Radio ertönt immer wieder die Meldung: »Kein Grund zur Panik«! Und was kommt in unserem Unterbewusstsein an? »Panik!« Kein Wunder, dass die Menschen bei solchen Suggestionen verrückt werden! Formuliere also immer genau das, was du willst. Statt »keine Schulden«, könntest du formulieren: »Ich habe ein Vermögen von 3.000 Euro«!

● **Sei absolut konkret und spezifisch**

Wenn du dir zum Ziel setzt, viel Geld zu haben, dann ist dieses Ziel nicht konkret genug. Denn was bedeutet schon »viel Geld«? Stell dir einmal vor du gibst in deinen Navigationssystemen ein, »Ich möchte in den Süden«. Wo willst du jetzt ankommen? Dein Navigationssystem wäre nun nicht in der Lage, eine entsprechende Route zu programmieren. Und exakt gleich verhält es sich bei deinem mentalen Navigationssystem. Konkrete und spezifische Ziele würden sich in etwa wie folgt anhören: »Ich verfüge jederzeit über ein frei verfügbares Kapital in Höhe von 50.000 €«! - oder – »Meinen Sommerurlaub verbringe ich im August 2009 auf der wunderschönen Insel Hawaii«! - oder – »Ich fahre einen neuen, schwarzen Mercedes 500 SL mit Vollausstattung«! Sei in deiner Zielsetzung sehr konkret und spezifisch, du wirst später noch erkennen, weshalb dies so wichtig ist.

● **Bring Leben in deine Ziele durch deine fünf Sinne**

Nachdem du deine Ziele korrekt formuliert hast, schreiben wir eine Art Drehbuch für jedes Ziel. Dabei ist darauf zu achten, dass wir alle Sinne mit einbeziehen. Was also werden wir sehen, hören, fühlen, riechen, und schmecken, wenn wir unser Ziel erreicht haben? Je klarer deine Vorstellung von deinem Ziel ist und je mehr Sinne aktiviert sind, desto einfacher erreichst du dein Ziel.

● **Formuliere dein Ziel vom erwünschten Endzustand aus**

Dein Unterbewusstsein kennt weder Vergangenheit noch Zukunft. Für dein Unterbewusstsein gibt es nur das Jetzt, die Gegenwart. Und daher ist es besonders wichtig, das Ziel so zu beschreiben, als wäre es bereits Realität.»Ich fahre meinen neuen Porsche ... «,»Ich genieße meinen Urlaub auf Hawaii ...«– also immer vom erwünschten Endzustand aus. Versetze dich mental in dein Ziel und beschreibe was du erlebst.

● **Setze glaubhafte und erreichbare Ziele**

Was aber sind erreichbare und glaubhafte Ziele? Nun, wenn du mindestens zu 80% glauben kannst, dein Ziel zu erreichen, dann hast du genügend Glaubenskraft (Überzeugungskraft) für dein Ziel. Daher wollen wir nun eine Überzeugungs-Skala erstellen, anhand der du deine Überzeugungskraft später stets messen kannst. Frage dich nun einmal, wovon du 100% überzeugt bist (Beispiel: Ich bin ein/e Mann/Frau). Gehe so alle Ebenen durch, bis du für jede Ebene einen Beispielsatz hast, der für dich passt. Vergleiche dann deine Zielformulierung mit deinen Überzeugungen 80% bis 100%, sie sollte sich in diesem Bereich bewegen. Ist das nicht der Fall, hast du zwei Möglichkeiten:

1. **Entweder du korrigierst dein Ziel nach unten, oder ...**
2. **Du veränderst deine Überzeugungen (wie das geht, lernst du noch!)**

Glaube in %	Wovon ich zu .... % überzeugt bin!
100%	
90%	
80%	
70%	
60%	
50%	
40%	
30%	
20%	
10%	
0%	

- **Das Ziel muss von dir selbst initiierbar sein**

Besonders wichtig ist, dass dein Ziel durch dich selbst erreichbar ist. Wenn du das Ziel hast, dass dein Sohn sein Zimmer immer schön sauber halten soll, dann wäre dieses Ziel nicht durch dich initiierbar. Dein Sohn müsste dies auch wollen! ☺

- **Dein Ziel muss messbar sein**

Woran wirst du erkennen, dass du dein Ziel erreicht hast? Wenn du ein neues Auto zum Ziel hast, dann erkennst du deine Zielerreichung daran, dass dieser Wagen in deiner Garage steht. Ein anderes Ziel könnte dein Körpergewicht sein. Du würdest erkennen dass du dein Ziel erreicht hast, wenn du auf die Waage stehst und du dein Ziel von 75 Kilo erreicht hast.

● Vermeide Absichtserklärungen und Weichmacher

»Ich möchte ein neues Auto« ist kein Ziel, sondern lediglich eine Absicht. Das aber reicht nicht aus. Weichmacher sind Wörter wie »eigentlich, vielleicht, sollte, könnte, möchte«! Wenn du dein Ziel aus dem erwünschten Endzustand beschreibst, ist dieses Kriterium auch erfüllt.

● Terminiere deine Ziele (Zielerreichung erfolgt so meist schneller)

Es ist sinnvoll, längerfristige Ziele zu terminieren. (Beispiel: Am 31. Mai 2009 bin ich auf dem Konzert von Chris de Burgh in Hamburg.) Bei kurzfristigen Zielen rate ich davon ab, einen Termin zu setzen, denn je näher du dem Termin kommst, ohne nennenswerte Veränderungen, desto größer wird der Zweifel. Und nachdem du das Gesetz der Anziehungskraft kennen gelernt hast, weißt du ja: »Du würdest nur Umstände anziehen, um noch mehr Zweifel zu hegen«.

● Vermeide Konflikte zwischen deine Zielen und Werten

Wenn zwischen deinen Zielen und Werten ein Konflikt besteht, ist Zielerreichung nur sehr unwahrscheinlich. Wenn du Karriere machen möchtest, dein wichtigster Wert aber deine Familie darstellt, dann wird es schwer mit deinen Karrierezielen. Du müsstest mehr arbeiten und hättest somit weniger Zeit für die Familie. Frustration wäre die Folge, da du deinen wichtigsten Wert nicht in dem Umfang leben könntest, wie du es möchtest.

Wir werden den Bereich „Werte" noch sehr genau unter die Lupe nehmen.

● **Achte darauf, dass deine Ziele sich gegenseitigen unterstützen**

Bleiben wir nochmals bei dem Beispiel von eben. Stell dir vor, du hättest zwei Ziele: zum einen möchtest du dich beruflich selbständig machen und zum anderen möchtest du mehr Zeit mit deiner Familie verbringen. Diese beiden Ziele würden sich gegenseitig behindern, so dass du im besten Fall nur eines der beiden Ziele erreichen kannst. Möglicherweise wäre es sinnvoll, sich zuerst auf die Selbständigkeit zu konzentrieren, um dann später so erfolgreich zu sein, dass du weniger arbeiten musst und somit mehr Zeit für die Familie hast.

● **Prüfe deine Ziele auf Sinnhaftigkeit und Ökologie**

Manchmal übersieht man bei der Zielsetzung, dass sich dadurch auch Umstände ergeben können, die man lieber vermieden hätte. Daher macht es durchaus Sinn, bei jedem Ziel die folgenden Fragen zu stellen:

- Was gewinne ich durch das Erreichen dieses Ziels?
- Was gebe ich dadurch auf?
- Was könnte ich durch dieses Ziel verlieren?
- Wie könnte die Umwelt/Umgebung auf mein erreichtes Ziel reagieren?

Wenn du ein neues protziges Auto kaufst, dann kommen Neider in dein Leben. Verdienst du viel Geld, werden deine bisherigen Freunde den Kontakt zu dir möglicherweise abbrechen. Nicht weil du überheblich geworden wärst, sondern weil sie nicht mithalten können und sich in deiner Gegenwart minderwertig fühlen.

● **Schreibe deine Ziele in allen Einzelheiten inkl. Motive auf**

Die meisten Menschen erreichen ihre Ziele nicht, weil sie diese nicht aufschreiben. Ein Ziel mit allen Details und in allen Sinnen aufzuschreiben (Drehbuch), ist der erste Schritt, ein Ziel ins Außen zu bringen. Das Ziel verlässt erstmals den Körper und ist der wichtigste Schritt bei der Zielprogrammierung. Beinahe ebenso wichtig sind die Motive, weshalb du dein Ziel erreichen möchtest. Wenn du hier nicht mindestens 6 - 12 Motive findest, dann lohnt sich das Beginnen erst gar nicht. Du würdest beim geringsten Widerstand die Flügel strecken und dich mit deinem bisherigen Leben arrangieren. Deshalb sind ja ekstatische Ziele so wichtig.

● **Beschäftige dich mind. 3 mal täglich mit deinen Zielen**

Wenn du dein Ziel erreichen willst, dann benötigt dein Unterbewusstsein auch die entsprechenden Inputs. Lese dir daher jeden Tag mindestens einmal sehr aufmerksam deine wichtigsten Ziele durch, inklusive deiner Motive. Wiederhole dann so oft wie möglich am Tage deinen Zielsatz (Zielaffirmation) und praktiziere mindestens 1x täglich deine mentale Zieleprogrammierung, über die wir später ausführlich berichten werden.

Zwanghafte Bedürftigkeit auflösen

Nachdem du nun genau weißt wo du stehst und deine Ziele formuliert hast (oder zumindest weißt, wie man es richtig macht), müssen wir prüfen, ob du in einer zwanghaften Bedürftigkeit steckst.

Gehe bitte nochmals zurück zur Seite 50, lese dir diesen Bereich nochmals durch und gehe mit all deinen Zielen durch die Übung Nr. 8. Du weißt dann ganz genau, woran du noch arbeiten musst, um dein Ziel erfolgreich zu programmieren.

Wenn du also genau weißt wo du stehst, du deine zwanghafte Bedürftigkeit aufgelöst hast (siehe praktischer Teil) und du Zielklarheit hast, dann musst du nur noch wissen:

Schritt 3: Zieleingabe in den Zielspeicher?

Wollen wir unsere PKW-Navigationssysteme programmieren, so erfolgt die Zieleingabe zumeist über Touch-Screens oder Eingabetastaturen. Erst wenn das Ziel im System gespeichert ist, kann die Route berechnet werden. Einen solchen Zielspeicher hat auch unser mentales Navigationssystem, nämlich unser Unterbewusstsein; die Eingabe gestaltet sich jedoch etwas komplizierter. Da unser Zielspeicher »Unterbewusstsein« primär auf bildhafte Vorstellungen reagiert, benötigen wir bei der Zieleprogrammierung eine Abfolge visueller Bilder, die mit einem starken Gefühl der Freude und der Dankbarkeit verbunden sein sollten. Wir verknüpfen somit unsere bildhafte Vorstellung mit einer stark aufgeladenen Emotion, dabei sollte dir folgendes bekannt sein:

1. **Die bildhafte Vorstellung gibt das Thema vor, um das es geht.**
2. **Die Emotion, in welche Richtung sich dieses Thema entwickeln soll.**

Angenommen du bist es leid, einsam deine Abende zu verbringen und möchtest endlich einen Partner an deiner Seite haben, mit dem du gemeinsam das Abenteuer Leben genießen kannst. Mit Eifer und Beharrlichkeit beginnst du mit deinem mentalen Training. Du stellst dir bildhaft vor, wie du deinen Wunschpartner gefunden hast und wie ihr gemeinsam euer Leben verbringt. Für dein Unterbewusstsein ist somit das Thema glasklar. Fühlst du dich aber schlecht und voller Zweifel, während du dir dein Ziel bildhaft vorstellst, dann wirst du bezogen auf das Thema »Partnerschaft« Umstände anziehen, die noch mehr Zweifel und schlechte Gefühle in dir auslösen. Die visuelle Vorstellung gibt zwar das Thema vor, aber deine emotionale Schwingung bestimmt dein Resonanzfeld. Schwingst du während deiner mentalen Zielvorstellung in Top-Gefühlen, ziehst du TOP-Umstände an, schwingst du niedrig und fühlst dich schlecht... – nun, du kennst ja jetzt den Bumerang-Effekt.

Falls du schon mit mentalen Zielvorstellungen gearbeitet hast, hast du sicherlich auch schon erlebt, dass wir uns etwas Schönes vorstellen, aber der Verstand mit Zweifel und Kritik dazwischen funkt. Genau dieses destruktive Verstandes-Gelaber sabotiert unseren Erfolg, denn statt wohlige Gefühle sind wir voller Zweifel. Aus diesem Grund wirst du im weitern Verlauf auch eine sehr kraftvolle Methode kennen lernen, wie du die *kritische Stimme des Verstandes* umgehen kannst.

Jeder bildhafte Gedanke, verbunden mit einer starken emotionalen Reaktion, hat also die hohe Tendenz, sich zu verwirklichen.

Stört oder verwirrt dich in dem Satz das Wort »Tendenz«? Tatsächlich ist ein bildhafter Gedanke zuerst einmal nur ein Potenzial. Ob sich dieses Potenzial manifestieren kann, hängt von deiner Zielprogrammierung ab. Manchmal reicht es aus, eine Zielprogrammierung nur einmal zu praktizieren und das Erwünschte tritt ein, ein anderes Mal müssen wir die Zielprogrammierung über Wochen täglich wiederholen. Das liegt daran, dass wir zwischen zwei verschiedenen Gedächtnisformen unterscheiden müssen:

1. Das semantische Gedächtnis
Diese Gedächtnisform lernt durch »ständige Wiederholung« des immer Gleichen. Beim Vokabeln-Pauken oder Mathematikformeln auswendig lernen nutzen wir dieses Gedächtnis. Dann haben wir da noch …

2. Das episodische Gedächtnis
Dieses bezieht sich auf bildhafte Vorstellungen die wir einmal erlebt haben, und die einen »starken emotionalen Eindruck« in uns hinterlassen haben. Das könnte deine erste große Liebe gewesen sein, die Geburt deines Kindes, oder auch jede andere Situation, die dich emotional sehr berührt hat.

Wo warst du am 11. September 2001? Sehr wahrscheinlich kannst du mir noch sehr genau sagen, was du an diesem Tag gemacht hast, da dieser die Welt erschüttert und bei nahezu jedem Menschen einen bleibenden Eindruck hinterlassen hat. Dein episodisches Gedächtnis kann diese bildhafte und emotional stark aufgeladene Erinnerung sehr schnell abrufen. Wo aber warst du am 11. September des vergangenen Jahres? Wenn du jetzt ratlos mit den Schultern zuckst, dann geht es dir wie den meisten: »Nichts Aufregendes passiert = Nicht gemerkt«!

Wenn es dir gelingt, eine sehr starke Emotion in dein Ziel-Bild zu bringen, dann reicht oft die *einmalige* mentale Vorstellung. Da unsere bildhaften Vorstellungen leider meist nicht so emotional stark aufgeladen sind und wir nicht vor Glück dasitzen und weinen, weil wir von unserem Ziel so berührt sind, müssen wir durch ständige Wiederholung lernen. Also nochmals:

Der Menschen lernt entweder ...

1. **durch ständige Wiederholung, oder**
2. **durch starke emotionale Eindrücke (Überraschung, Ungewöhnliches)**

Übrigens: Wann immer du etwas nicht kannst, aber können möchtest, liegt es daran, dass du es nicht lange genug wiederholt getan hast. Manches gelingt uns beim ersten Mal, andere Dinge müssen wir immer und immer wieder praktizieren.

Aristoteles sagte bereits:
Wir sind, was wir wiederholt tun!

Es wäre daher auch ratsam, wenn du dieses Buch immer und immer wieder Mal in die Hand nimmst und darin liest, so festigst du die Inhalte und sie werden sich mehr und mehr in dein semantisches Gedächtnis einnisten.

Denke jetzt »nicht« an die Farbe Rot

Wir benötigen also eine bildhafte, emotional aufgeladene Vorstellung von dem was wir wollen. Haben wir keine bewusste Vorstellung von dem, was wir wollen, dann haben wir zumindest eine bewusste oder unbewusste Vorstellung davon, was wir nicht wollen.

Wenn du also Dinge denkst wie …

- Ich will keine Schulden.
- Ich möchte keine Kopfschmerzen.
- Ich möchte keine Probleme…
- Ich will nicht mehr so früh aufstehen müssen.
- Ich will nicht mehr arbeitslos sein.
- Ich möchte diesen Krebs weg haben.

… dann fokussierst du dich auf »Schulden, Kopfschmerzen, Probleme, usw. « – ob dir das passt oder nicht! Du erschaffst also eine bildhafte Vorstellung davon, was du *nicht* willst. Und da diese Vorstellung auch noch mit emotionalem Schmerz verbunden ist, ziehst du gleichartige Schwingungen in dein Leben. Lustig wird das ganz bestimmt nicht! ☺

Und damit du das auch nie mehr vergisst, hörst du das jetzt immer und immer wieder:

Dein Unterbewusstsein kann Verneinungen wie »keine Kopfschmerzen« meist nicht denken kann – es hat dazu kein Bild! Es hat nur ein Bild von Kopfschmerzen!

Denke bitte ab jetzt nochmals zwanzig Sekunden woran du möchtest, nur nicht an einen Elefanten mit einem rosa Rüssel. Denke bitte auch nicht an einen deutschen Schäferhund, der angekettet in einem Hundezwinger liegt. Und erst recht nicht an die Farbe »Rot«!

Und, was ist passiert? Du musstest an genau das denken, woran du nicht denken solltest. Ob du nun wolltest oder nicht, du hast – wenn auch nur kurz – deine Vorstellung über den Elefanten zu dem angeketteten deutschen Schäferhund und anschließend zu der Farbe Rot wandern lassen, stimmts? Und das, obwohl wir bereits bei der Zielformulierung ein ähnliches Experiment durchgeführt haben und dir dieses Spielchen schon bekannt war.

Ob du also deine Aufmerksamkeit auf etwas richtest das du nicht haben möchtest, oder auf etwas das du möchtest, du bekommst immer das, worauf du wiederholt deine Aufmerksamkeit richtest. Deine mentale Aufmerksamkeit verbunden mit deiner emotionalen Schwingung ist des Rätsels Lösung.

Fall du also deine »Standortbestimmung und Lebensbereich-Analyse« noch nicht gemacht, und auch die Zielformulierung ausgelassen hast, so wäre jetzt ein guter Zeitpunkt, das nachzuholen. Es ist schließlich besser, bewusst zu erschaffen was du möchtest, als durch unbewusste Kreationen Erfahrungen zu machen, die du lieber nicht machen möchtest. ☺

Der Wille war stark, aber das Fleisch war schwach

Kennst du diesen bescheuerten Satz? Da hat man uns doch ein
Leben lang eingetrichtert, der Wille wäre entscheidend für unseren
Erfolg. Was für ein Quatsch, der Wille gilt sicherlich als Motor
zur Verwirklichung, aber entscheidend ist er eben nicht. Schau dir
doch nur mal all die Diäten-Wahnsinnigen an, durch die jedes Jahr
aufs Neue ein Milliardenumsatz gemacht wird. Da ein Pillchen
und hier ein Nahrungsergänzungs-Mittelchen. Wie viele wenden
diesen Schrott immer und immer wieder an eifrig an, und vor
allem: Mit welchem Ergebnis? Obwohl der Wille wirklich da ist,
funktioniert das ganze Spiel meist nicht. Irgendwann kapiert es
auch der letzte Diäten-Junkie, dass Diäten immer nur fetter
machen.

So, jetzt kommen wir zum ersten Teil unseres Erleuchtungstrai-
nings. Wenn du abnehmen willst und es nicht funktioniert, dann
gibt es dafür exakt zwei Gründe:

1. Deine Vorstellung spielt dir einen Streich.
Stell dir mal folgende Situation vor: Du entscheidest dich, endlich
diesen überflüssigen Ballast loszuwerden und suchst dir eine
dieser unzähligen Diäten aus, die dich zum erhoffen Leichtgewicht
machen sollen. Und so gehst du am nächsten Tag hochmotiviert
ans Werk. Im Büro oder wo auch immer du dir deine Brötchen
verdienst, sieht man sofort dein Vorhaben an deinem üppigen
Vesper. Karotten, Tomätchen und lecker Knäckebrot. Und als
hätte sich die ganze Welt gegen dich verschworen, feiert gerade
heute ein Kollege seinen Geburtstag und lädt ein zu Sekt, belegten
Brötchen und Sahnetorte. Obwohl dir schon der Speichel zu den
Mundwinkeln heraus läuft und du sabberst wie ein Bernhardiner,

bleibst du natürlich hart. Du tust so, als würdest du mitfeiern und spielst vor, dein ach so leckeres Diätenfutter zu genießen, während deine Vorstellung bei der schmackhaften Sahnetorte oder den fein riechenden belegten Brötchen ruht. Natürlich stört es dich auch nicht, dass du wie ein Hündchen nur Wasser trinken musst, während sich die anderen diese Schlabberbrause rein pfeifen.

Kurze Zeit später, nachdem du diesen ersten Kampf gemeistert hast, wirst du von einer Kollegin zum Mittagessen eingeladen. Es ist echt wie verhext, das ganze Jahr passiert so etwas nicht, dann ausgerechnet da, wo du deine Diät beginnen musst, lädt dich diese blöde Kuh zum Futtern ein. Du nimmst die Einladung an – man ist ja höflich und abgerichtet – und bestellt sich einen ganz großartig schmeckenden Salat, ohne Salz, mit minimal Dressing und nur Grünfutter. Dir gegenüber sitzt deine Kollegin und schiebt sich gerade ein großes Fischfilet mit Remouladensoße in den Mund. Jaaaa, da kann man schon auf kriminelle Gedanken kommen. Aber dein Wille ist stark, aufgeben gibt es nicht (auch wenn du schon zum dritten Mal heute überlegt hast, deinen Diätenstart doch nochmals um den ein oder anderen Tag nach hinten zu verschieben ☺).

Und damit die Katastrophe perfekt ist: Du kommst nach Hause und dein Partner erinnert dich an das Geschäftsessen in diesem Nobelschuppen mit wichtigen Partnern, das du möglicherweise aus Selbstschutz schon völlig verdrängt hattest. Schon wieder kommen dir all diese furchtbaren Bilder in deinen Kopf, von Steaks, Lachsfilets, oder anderen Köstlichkeiten. Du kannst all diese Leckereien bereits riechen und schmecken, so klar ist deine Vorstellung davon. Aber nichts da, du alte Kämpfersau lässt dich doch nicht von solchen mentalen Vorstellungen vom Ziel abbringen. Nöööhh, du bleibst hart und isst wieder nur Gemüse oder Salat, als wärst du mit Kaninchen aufgezogen worden. ☺

Wieder zu Hause angekommen, glaubst du das Schlimmste überstanden zu haben. Aber weit gefehlt, du hast noch die ganze Nacht vor dir. In deinen Träumen siehst du dich an einem wunderschön gedeckten Tisch, mit all deinen Lieblingsspeisen. Die ganze Nacht träumst du nur vom Essen und sobald du die Augen aufmachst, der Schock am morgen: Nein, nicht dein zerknittertes Gesicht im Badezimmerspiegel ist hier gemeint, sondern die Freude über dein Körnermüsli, das du mit Wasser anrühren darfst. Dein Partner sitzt dir währenddessen gegenüber und verspeist genau das, worauf du so Lust hast – Rührei mit Speck. Da kann einem schon mal so ein Satz über die Lippen kommen wie: »Musst du jetzt auch noch so genüsslich schmatzen, wenn du doch weißt, dass ich nichts essen darf? «

Auf dem Weg zur Arbeit beginnst du dann allmählich zu halluzinieren. Statt Menschen begegnen dir nur noch laufende Schnitzel und Pommes. Du riechst drei Häuser weiter, was es dort zum Frühstück gibt und deine Vorstellung, nicht essen zu dürfen was du möchtest, lässt dich fast wahnsinnig werden. Und kurz bevor du deine suizidalen Gedanken verwirklichen möchtest, kommt der für dich rettende Gedanke und du sagst dir: »Pfeif doch drauf, entweder die anderen mögen mich wie ich bin, oder sie sollen es eben lassen«! ☺

Natürlich habe ich wieder einmal leicht überspitzt, aber den Nagel doch auf den Kopf getroffen, oder? Woran denkt denn jemand ständig bei einer Diät? Hä? Logo, ans Essen natürlich! Und bei den meisten ist nicht der fehlende Wille das Problem. Nein, du hast doch Willenskraft bewiesen. Die letzten Tage mit diesen

Hammervorstellungen von leckerem Essen – ohne es essen zu dürfen - glichen schon fast einem Survivaltraining. Es hat ganz sicher nicht am Willen gelegen, die Vorstellung war einfach nur stärker. Wann immer dein Wille mit einer gegensätzlichen Vorstellung kollidiert, dann gewinnt nun mal die Vorstellung – früher oder später! Deine Vorstellung ist beinahe deine stärkste Macht, und dein Wille reicht in aller Regel nicht aus, die Vorstellung zu besiegen. Nur wenn Vorstellung und Wille in die gleiche Richtung gehen, ist dir der Erfolg sicher.

2. Deine Emotionen spielen dir einen Streich

Sollte dein Wille doch einmal deine Vorstellung besiegen (was nur eine Täuschung darstellen würde, denn die Vorstellung gewinnt immer), dann würden deine Emotionen dich davon abhalten, Gewicht zu verlieren. Frag doch einfach mal andere Abnehm-Profis, ob sie Menschen kennen die weniger essen und dennoch nicht schlank werden? Wenn du dich schlank hungern möchtest, dann wirst du im Laufe der Zeit nur dicker. Das liegt daran, dass du dich durch den Verzicht auf Essen ständig in einem Mangelgefühl wiederfindest. Dein Stoffwechsel schnallt das sofort und bemerkt den Mangel. Für ihn bedeutet dies, dass schlechte Zeiten anstehen und nicht genügend neues Futter nachkommt; also sorgt er dafür, dass der größte Teil des Futters das reinkommt, direkt in die Fettdepots eingelagert wird – für die schlechten Zeiten, versteht sich. Die meisten Menschen die abnehmen wollen, befinden sich so ständig in einem Gefühl des Mangels. So kann das doch nichts werden, mit dem Idealgewicht. Ich habe ein Programm entwickelt, mit dem meine Klienten essen dürfen was Sie wollen und dabei verlieren sie stetig an Gewicht. Das klingt verrückt? Nein, denn alle schlanken Menschen essen worauf Sie Lust haben, ohne dabei zuzunehmen. Sie empfinden beim Essen nur keinen Mangel und machen noch das ein oder andere eben anders. Aber das soll ja hier nicht das Thema sein.

Also nochmals: Dein Wille kann deine Vorstellung lediglich bei der Zielerreichung unterstützen. Deine gedankliche Vorstellung, verbunden mit deinen Emotionen entscheiden darüber, ob du erfolgreich bist oder nicht, ob du weiterrauchst oder nicht, oder ob du Gewicht verlierst oder nicht.

Dein innerer Navigator

Durch bildhafte Vorstellung und der Kraft deiner Emotionen aktivierst du dein Unterbewusstsein, alles zu tun, damit diese emotional aufgeladene Vorstellung in der Welt der Realität sichtbar wird. Ich nenne das Unterbewusstsein daher auch »Navigator«. Wenn ich meinem Navigator in seiner Sprache klar mache, was ich will, dann wird von dieser mentalen Steuerzentrale sofort die entsprechende Route berechnet. Wenn du also mit der richtigen Methode dein Ziel immer wieder imaginierst und mit intensiven positiven Emotionen verknüpfst, dann ist dieses Ziel fest in deinem mentalen Navi einprogrammiert und du kannst dein Ziel nicht mehr verfehlen – insofern deine Steuersysteme perfekt aufeinander abgestimmt sind. Sind diese nicht perfekt auf dein Ziel abgestimmt, kannst du es auch nicht erreichen.

Die mentalen Steuersysteme!

Bei deinem Wagen ist eines der wichtigsten Steuersysteme, die hinterlegten Landkarten. Sind diese falsch oder extrem veraltet, dann bekommst du Schwierigkeiten, denn dein Navigationssystem kennt ja keine anderen Strecken. So kann es also sein, dass du irgendwann auf einem Maisfeld stehst und große Augen machst, weil es nicht mehr weiter geht. Wenn deine abgespeicherten Landkarten veraltet sind, dann kannst du dein Ziel möglicherweise nicht erreichen. Auch dein GPS Sender ist ein solches Steuersystem, fällt dieser aus, kannst du von den Satelliten nicht mehr geortet werden. Zielerreichung mit Hilfe deines Navigationssystems wäre ein weiteres Mal unmöglich geworden. Weitere Steuersysteme sind Bild- und Sprachsteuerung, auch sie müssen perfekt funktionieren, wenn du deinen Zielort erreichen willst.

Dein mentales Navigationssystem hat ebensolche Steuersysteme, und auch die müssen perfekt funktionieren und aufeinander abgestimmt sein, wenn du deine erklärten Ziele erreichen möchtest. Was aber ist mit Steuersystemen nun gemeint: »Alles was wir erleben und erfahren, nehmen wir mit unseren fünf Sinnen wahr. Nachdem wir mit unseren Sinnen ein Ereignis oder eine Information erfasst und wahrgenommen haben, wird diese Information zuerst einmal gefiltert. Es wird geprüft, ob zu dieser Information schon irgendwelche anderen Daten gespeichert sind«. Lies dir bitte einmal den folgenden Satz durch und beende diesen, insofern dir der Text bekannt vorkommt:

Der Spatz in,
in der Hand ist besser als ....

Steuersystem 1: Referenz-Erfahrungen

Eines dieser Steuer- bzw. Filtersysteme sind unsere Referenzerfahrungen (auch »Prägungen« genannt). Unser System führt, sobald wir mit einem neuen Input konfrontiert werden, einen sofortigen Datenabgleich durch und prüft, ob zu dieser Information bereits Erfahrungen, Prägungen oder Referenzen vorliegen. Dabei werden oftmals wichtige Informationen weggetilgt, Informationen werden verzerrt oder verallgemeinert. Schauen wir uns doch einmal an, was in unserem Beispiel mit dem »Spatz in der Hand« denn so passiert ist?

Den meisten Menschen fällt nicht auf, dass der Satz den sie gelesen haben, nicht mit dem übereinstimmt, den sie kennen. Denn in unserem Satz steht das Wörtchen »in« doppelt drin. Du hast also den Satz durchgelesen und weil er dir so bekannt vorkam – das ist eine Referenzerfahrung – hast du möglicherweise wichtige Details einfach weggetilgt! Wenn wir diese Übung in unseren Seminaren einsetzen, dann würde der ein- oder andere Teilnehmer am liebsten mit uns streiten, so überzeugt ist er davon, den Satz richtig gelesen zu haben – bis wir ihm den Satz erneut zeigen!

Das passiert dir übrigens jeden Tag - in Gesprächen und Diskussionen z.B. mit deinem Partner – nur kommt da niemand und klärt dich anschließend auf. Niemand zeigt uns, welche Bretter wir vor dem Kopf haben und so bleiben wir in dem Irrglauben, wir würden die Dinge wahrnehmen, wie sie sind. Häufig enden solche Meinungsverschiedenheiten in einem heftigen Konflikt.

Wir alle haben unzählige Erfahrungen in unserem Leben gemacht. Erleben wir nun etwas Neues, erfassen wir diese Situation mit unseren fünf Sinnen. Gleichzeitig prüft unser Unterbewusstsein, ob zu dieser oder ähnlichen Situationen bereits Referenzerfahrungen vorliegen. Das Ganze kann man sich vorstellen, wie bei der Suchmaschine Google. Du gibst einen Begriff ein und schon wird dein System gegoogelt. Auf deiner Ergebnisliste stehen ganz oben all die Situationen, die mit starken Emotionen verbunden sind. In dein Bewusstsein tritt meist sogar nur das Ergebnis auf Platz eins deiner Abfrage, alle anderen Ergebnisse werden häufig gar nicht mehr angeschaut, bzw. werden einfach ausgeblendet.

Reden vor der Gruppe – Spaß oder Folter?

Du sollst zum Beispiel vor einer Gruppe von Menschen eine Rede halten. Sofort wird dein Datenspeicher durchsucht und die Erfahrungen, die dich zum diesem Thema in deiner Vergangenheit am meisten emotional beeindruckt haben, stehen nun an oberster Stelle deiner Referenzerfahrungen. Wenn du während deiner Schulzeit vor anderen etwas sagen musstest und wurdest dabei ausgelacht, so ist das »Reden vor der Gruppe« möglicherweise mit sehr negativen Gefühlen behaftet. Sofort bekommst du ein mulmiges Gefühl in der Magengegend, vielleicht kalte und nasse Hände oder spürst deinen Herzschlag an der Halsschlagader. Du hast Angst, dasselbe könnte wieder passieren. Viele dieser Prozesse bekommst du noch nicht einmal bewusst mit – mal abgesehen von deinem Gefühl! Spätestens wenn du vor eine Gruppe trittst und eine Rede halten möchtest, dann weißt du, ob dein System auf eine positive oder negative Referenzerfahrung zugegriffen hat. ☺

Die meisten Menschen werden von Ihrer Vergangenheit geleitet und bestimmt. Sie identifizieren sich mit ihrer Vergangenheit und wundern sich, wenn die Zukunft dann ein Abbild vergangener

Erfahrungen wird. Wenn wir also nicht lernen, diese alten, lähmenden Referenzerfahrungen und Erinnerungen zu neutralisieren, dann bestimmen diese alten Erfahrungen unser gegenwärtiges und zukünftiges Erleben. Gleichgültig was wir erfahren und erleben, unser System prüft immer: »Welche Informationen habe ich darüber bereits in meinem Speicher«? Damit dir die Funktion dieses Steuersystems wirklich bewusst wird, hier noch einige Beispiele mehr:

Prüfungsangst

Sehr viele Menschen haben Angst vor Prüfungen, manch einer reagiert sogar phobisch auf solche Situationen. Auch hier liegt die Ursache in unserer Vergangenheit, in unseren Referenzerfahrungen. Wenn du also in deiner Vergangenheit einmal eine Prüfung so richtig vergeigt hast, und diese Erfahrung mit negativen Konsequenzen behaftet war wie Hausarrest, Schimpferei, Prügel oder anderen Strafen, dann kann es gut sein, dass du panische Angst vor Prüfungen hast.

Ob dieses Ereignis nun in deiner Kindheit passiert ist, interessiert dein System nicht. Dein System interessiert es auch nicht, ob du zwischenzeitlich erwachsen geworden bist und niemand mehr da ist, der dich bestrafen könnte. Dein System erinnert dich – meist unbewusst – nur an die Folgen von damals und du fühlst dich mies und ängstlich. Wäre es da nicht ratsam, diese alten schmerzbehafteten Erinnerungen aufzulösen, damit du mit solchen Situationen anders umgehen kannst?

Sexuelles versagen

Dieses Problem kennen viele Männer, die beim Sex zu einem vorzeitigen Höhepunkt kommen. Die Ursache hierfür ist meist auch in den Referenzerfahrungen zu finden. Vielleicht ist es einmal vorgekommen, dass Mann fertig war, während Frau noch nicht mal richtig angefangen hat. Eine blöde Aussage seitens der Frau reicht hier oftmals aus, um die Angst im Manne einzuprogrammieren, wieder versagen zu können. Nun, wir alle bekommen nicht was wir uns wünschen, sondern worauf wir wiederholt unsere Aufmerksamkeit richten und was wir erwarten (darauf werde ich später noch ausführlich eingehen). In diesem Fall wäre die Aufmerksamkeit auf dieses alte Referenzerlebnis »Versagen« gerichtet. Kannst du erkennen, wie brutal du von deiner Vergangenheit dominiert wirst? Hast du also bezogen auf dein Ziel zu viele negative Referenzerfahrungen, werden die dich auf deinem Weg zum Ziel ständig sabotieren und dir Knüppel in den Weg werfen. Deine Referenzerfahrungen sind aber nicht einfach nur Erinnerungen, Erfahrungen oder Erlebnisse, sie sind gleichzeitig die Basis deines zweiten Steuersystems:

Steuersystem 2: Überzeugungen, Regeln und Glaubenssätze

Nachdem du deinen Speicher unbewusst nach einem entsprechenden Referenzerlebnis durchforstet und ein solches gefunden hast, lautet die nächste Frage:»Welche Überzeugungen, Glaubenssätze und Regeln sind zu dieser Information in meiner Datenbank abgespeichert«? Beantworte doch bitte einmal die folgenden Fragen mit »Ja« oder »Nein«:

- Bist du ein guter Liebhaber, oder eine gute Liebhaberin?
- Lernst du in der Regel leicht?
- Empfindest du dich als schön und charismatisch?
- Bist du intelligent bzw. klug?
- Ist »Geiz« eine gute Eigenschaft?
- Liebst du dich selbst?
- Bis du kreativ?
- Würdest du sagen, du bist spontan?

Betrachte dir diese Fragen bitte nochmals und stelle dann fest, wie du zu dieser Antwort gelangen konntest. Die Antworten auf diese oder ähnliche Fragen hängen ganz von deinen Regeln und Glaubenssätzen ab, die du selbst irgendwann einmal durch eigene Schlussfolgerungen etabliert, oder von anderen Schlüsselpersonen übernommen hast.

Wenn du dich z.B. als kreativ bezeichnest, dann hast du – bewusste oder unbewusste – Regeln, was das für dich bedeutet. Frage dich doch einmal, welche Kriterien du erfüllen musst um sagen zu können: »Ich bin kreativ«! Viele Menschen tun sich schwer mit einer Antwort auf diese Frage, denn sie kennen ihre Regeln meist überhaupt nicht. Sie wissen lediglich, wann sie *nicht* kreativ sind. Wenn du z.B. ganz viele Regeln für fehlende Kreativität aufgestellt hast, aber nur eine Regel für Kreativität, dann wirst du dich womöglich nie wirklich kreativ fühlen.

Ich selbst hatte vor einiger Zeit einen Vortrag, bei dem es um genau dieses Thema ging. Ich stellte hier die Frage, was für die Anwesenden Erfolg bedeutet. Die Antworten waren so unterschiedlich, wie es die Menschen selbst waren, denn jeder Mensch hatte andere Regeln für Erfolg definiert. Für den einen bedeutet Erfolg eine Million Euro auf dem Konto zu haben, für einen anderen ein monatliches Einkommen in Höhe von fünfzehntausend Euro, für einen weiteren bedeutet Erfolg, eine harmonische Beziehung zu führen. Der Großteil der Menschen kann diese Frage jedoch nicht wirklich konkret beantworten, denn sie wissen einfach nicht, was Erfolg für sie persönlich bedeutet. Und die Wenigen, die es wissen, machen sich das Leben durch diese Regeln unnötig schwer. Wenn du als Regeln festgelegt hast, dass du dann erfolgreich bist, wenn du ein monatliches Einkommen in Höhe von fünfzehntausend Euro erzielst, wie erfolgreich fühlst du dich dann auf dem Weg zu deinem Ziel? Wenn du dich nur dann erfolgreich fühlst, wenn du dieses Ziel einmal erreicht hast, dann fühlst du dich zuvor ja wohl nicht erfolgreich, oder? Du programmierst so eine Verlierermentalität, und was glaubst du, musst du mit dieser negativen Geisteshaltung in dein Leben ziehen? Misserfolg, was sonst?

Stell dir mal vor, du würdest dich gerne anerkannt fühlen und deine Regeln hierfür wären:

Ich fühle mich anerkannt, ...

- wenn mir andere Menschen zustimmen.
- wenn ich Komplimente bekomme.
- wenn ich eingeladen oder beschenkt werde.
- wenn ich gelobt werde.

Du würdest dich dann also immer abgelehnt fühlen, wenn eine dieser Kriterien unerfüllt bliebe. Wenn deine selbst aufgestellten Kriterien für Anerkennung während eines Tages nur fünf mal erfüllt werden, aber über zwanzig mal nicht, wie wirst du dich wohl im Allgemeinen fühlen: «anerkannt, oder abgelehnt«?

Wie du siehst, benötigen wir ganz viele Regeln für Anerkennung und nur ganz wenige für Ablehnung. Wäre dies gegeben, dann würden wir uns ständig anerkannt fühlen und müssten nicht ständig nach Anerkennung betteln. Stell dir mal vor, du hättest die folgenden Regeln für Anerkennung:

Ich fühle mich anerkannt, ...

- wenn mich jemand kritisiert (denn dann bin ich dieser Person so wichtig, dass diese sich ihr nettes Köpfchen über mich zerbricht).
- wenn mich jemand lobt.
- wenn jemand meine Meinung hören möchte.
- wenn jemand mit mir über unterschiedliche Ansichten diskutiert (ich scheine dann ein angenehmer Diskussionspartner zu sein).
- wenn mich jemand anlächelt.
- wenn andere Menschen mit mir Zeit verbringen möchten.
- wenn mich Freunde oder Bekannte anrufen.
- wenn jemand einen Rat von mir haben möchte.
- Wenn mir jemand seine Meinung sagt (dann traut er mir ja zu, dass ich damit souverän umgehen kann)
- wenn sich jemand bei mir bedankt.
- wenn mein Partner mit mir intim wird.
- wenn ich etwas nicht verstanden habe und ein anderer sich die Zeit nimmt, mir den Sachverhalt nochmals zu erklären.
- wenn ich eingeladen werde, oder Freunde/Bekannte meiner Einladung folgen.

Wie oft am Tag würdest du dich bei diesen Regeln »anerkannt« fühlen, und wie oft »abgelehnt«? Unsere Regeln bestimmen, wie wir uns fühlen, wie wir entscheiden und sie bestimmen unser Verhalten. Wäre es daher nicht ratsam, Regeln und Glaubenssätze festzulegen, bei denen wir beinahe nur noch gewinnen könnten?

Ich hatte vor einiger Zeit ein großartiges Gespräch mit einem wirklichen Spitzenverkäufer, den ich im Verlaufe des Gespräches nach seinen Regeln für Verkaufserfolg befragte. Hier seine Antworten:

Ich bin erfolgreich im Verkauf:

- wenn ein Kunde mir bei der telefonischen Terminvereinbarung zuhört.
- wenn mir der Angerufene einen Termin gibt.
- wenn ich die Gelegenheit bekomme, mein Produkt zu präsentieren.
- wenn ich meinen Kunden zum Lachen bringe.
- wenn ich im Kundengespräch angelächelt werde.
- wenn mir etwas zu trinken angeboten wird.
- wenn ich eine Empfehlung erhalte.
- wenn ich einen Abschluss erziele.
- wenn ich einem Kunden einen wertvollen Tipp geben konnte.
- wenn ein Kunde sich bei mir bedankt, wofür auch immer.
- wenn ein Kunde derzeit kein Interesse hat, ich mich aber wieder bei ihm melden darf.
- wenn ich für meine Arbeit entlohnt werde.
- wenn ich freundlich empfangen werden.
- wenn ich freundlich verabschiedet werde.

Ich fragte diesen Herrn dann, wann er sich in seinem Job mal nicht erfolgreich fühle, worauf er lange überlegt und mit einem süffisanten Lächeln antwortete:»Ist noch nie passiert. Sollte dieser unwahrscheinliche Fall aber mal eintreten, werde ich Ihnen Bescheid geben«!

Alles was wir wahrnehmen, haben wir mit Regeln belegt. Wenn wir nach dem Wetter gefragt werden, dann antworten wir, indem wir dem anderen unsere Regeln darlegen. Das Wetter bewerten wir als gut, wenn es unsere Kriterien erfüllt und als schlecht, wenn dem nicht so ist. Wir haben für alles Regeln, ob uns dies nun bewusst ist, oder nicht! Wir haben Regeln in Sachen Geld, Gesundheit, Partnerschaft, Glück, Erfolg und unzähligen anderen Dingen. Das Dumme daran ist, dass wir diese Regeln dringend benötigen um Fühlen zu können. Das Gute ist, wir benötigen keine »einschränkenden Regeln«.

Einschränkende Regeln sind zum Beispiel:

- Im Alter lässt die Merkfähigkeit nach.
- Essen macht fett.
- Geld verdirbt den Charakter.
- Das Leben ist ein Kampf.
- Nur wer hat arbeitet, hat Erfolg.
- Wer hoch hinaus will, fällt auch tief.
- Schuster bleib bei deinen Leisten.

Wer braucht schon solche einschränkenden Regeln? Nur diejenigen, denen es Spaß macht zu leiden. Solltest du zu der Gattung Mensch gehören, die denken:»Ich möchte gerne weiterhin leiden«, dann wäre es ratsam, das Buch jetzt zu verschenken, bei EBay zu verscherbeln oder es zum Heizen zu verwenden - wir sind da echt tolerant: Jedem das Seine! ☺

Wie sagte Henry Ford bereits:
Ob du glaubst, dass du etwas kannst,
oder ob du glaubst, dass du etwas nicht kannst,
du behältst in jedem Fall hast Recht!"

Ein schlauer Mann dieser »Henry Ford«. Der hat doch tatsächlich vor über hundert Jahren schon das Gleiche gepredigt, wie wir heute. Henry Ford hat erkannt, dass unser Glaube und unsere Regeln über Erfolg und Misserfolg entscheiden, nichts anderes. Aber immer noch versuchen die Menschen ihre Ergebnisse durch mehr Arbeit oder mehr Anstrengung zu beeinflussen, anstatt durch Umdenken. Wir müssen begreifen, dass all unsere Umstände zuerst einmal in unseren Köpfen entstehen. Unsere heutigen Umstände haben wir den Regeln und Glaubenssätzen zu verdanken, die wir bisher hatten. Wollen wir unsere Umstände nun verändern, so müssen wir unsere Regeln und Glaubenssätze verändern. Tun wir das nicht, so leiden wir unter »Hamsterverhalten«, denn ein Hamster rennt und rennt in seinem Hamsterrad, und kommt doch keinen Schritt vorwärts. Praktizierst auch du dieses Hamster-Verhalten?

Wie Regeln entstehen

In meinen Seminaren dürfen meine Teilnehmer ab und an auch mal etwas malen. Vor einigen Monaten war eine Frau im Seminar, die bei dieser Übung beinahe bösartig vorbrachte, dass ihr das Malen keinen Spaß mache und dass sie ganz schlecht malen könne - sie würde diese Übung lieber auslassen. Bei solchen Aussagen werde ich immer ganz neugierig und interessiere mich für die Hintergründe. Ich fragte Petra (so war der Name dieser Dame), ob sie denn herausfinden möchte, wann diese Aversion gegen das Malen entstanden sei, was sie auch bejahte. Also testeten wir aus, wann diese Ursache gesät wurde. Das Ergebnis war dann das 4. Lebensjahr. Ich wollte natürlich Näheres wissen, also machten wir eine kleine Rückführung in diese Zeit. Was sie dann schilderte ist typisch für das Entstehen von einschränkenden Überzeugungen.

Petra war als Kind begeisterte Malerin, nichts war ihr eine größere Freude, als Daddy ein Bild zu malen. Wieder einmal gab sie sich die allergrößte Mühe, für ihren herzallerliebsten Papi ein ganz besonderes Bild zu zeichnen. Als dieser dann von der Arbeit nach Hause kam, stürmte die Kleine auf ihn zu und zeigte ihm das Bild. Der Vater aber war total mies drauf, weil ihm wohl ein Auftrag durch die Lappen ging. Und da er sich gedanklich und emotional nicht gerade in einem kinderfreundlichen, offenen und liebevollen Zustand befand, reagierte er entsprechend angefressen und fauchte die Kleine an: »Was soll denn das sein? Da kann man doch gar nichts erkennen«! – und er warf das Bild auf den Tisch. Von diesem Tage an hasste die Kleine malen, was sich bis zu dieser Seminarübung nicht mehr änderte.

Eine solche Momentaufnahme reicht oft aus, um uns für den Rest unseres Lebens in Grenzen zu halten. Petra hatte sich durch diese Situation begrenzt, denn sie hatte die Überzeugung entwickelt, sie könne nicht malen. Nachdem wir diese Rückführung machten und den Glaubenssatz aufgelöst hatten, konnte sie auch wieder Gefallen am Malen finden. Wie du erkennen kannst, sind unsere Glaubenssätze, Regeln und Überzeugungen ganz eng verflochten mit unserem nächsten Steuersystem:

Steuersystem 3: **Wertesystem**

Unsere Werte stellen ein weiteres Steuersystem dar, das über Erfolg und Misserfolg, Glück und Unglück maßgeblich mitentscheidet. Mit Werten sind unsere stärksten Gefühle und Emotionen gemeint, die uns steuern. Diese Gefühle haben bekanntlich immer zwei Grundrichtungen, positiv oder negativ. Und da wir Menschen generell nach dem Schmerz-Freude-Prinzip handeln, werden wir von unseren Emotionen gesteuert, die uns sagen: „Vermeide alles was dir Schmerz bereitet, und bewege dich auf alles zu, was dir Freude bereitet!"

Jeder Mensch hat Gefühle die er unbedingt haben möchte (Belohnungsgefühle), und Negative (Schmerzgefühle), die er um jeden Preis vermeiden möchte. Wenn nun unsere Werte nicht in Übereinstimmung mit unseren Zielen stehen, dann sabotieren und blockieren uns diese Gefühle. Wenn du im Sport Spitzenleistungen anstrebst, dann musst du dafür meist sehr viel Zeit investieren! Wenn bei dir das Familienleben aber einen sehr hohen Stellen-WERT hat und du viel Zeit mit deinen Lieben verbringen willst, dann hast du einen sogenannten Wertekonflikt. Viel Zeit zu investieren für den Sport, und gleichzeitig viel Zeit zu haben für die Familie – da beißt sich die Katze in den eigenen Schwanz. Versucht man dies doch, dann hat man während des Trainings immer ein schlechtes Gewissen der Familie gegenüber, und wenn man bei der Familie ist, dann kann wieder einmal nicht ausreichend trainiert werden. Es ist also unabdingbar, dass deine Ziele mit deinen Werten übereinstimmen.

Gehen wir einen Schritt weiter und stellen uns vor, dass dein wichtigster Wert »Erfolg« wäre. Natürlich hast du zuvor konkretisiert, was dies bedeutet. Eines deiner größten Schmerzgefühle hingegen wäre »Angst vor Misserfolg«. Und diesem Beispiel folgend würdest du nun versuchen, all die Situationen zu vermeiden, wo du Misserfolg erfahren könntest. Das Problem dabei ist, dass du niemals großen Erfolg haben wirst, ohne dass es Phasen des Misserfolges gibt. Wenn du Misserfolg vermeiden möchtest, dann verhinderst du Erfolg. Wie sagte mal ein kluger Mensch: »Der Weg zum Erfolg ist mit Fehlschlägen und Misserfolgen gepflastert«. All die Erfolgreichen dieser Welt wissen das, daher betrachten sie jeden Misserfolg und jeden Fehlschlag als Zwischenziel auf dem Weg zum Erfolg. Sie wissen, dass Erfolg ohne Misserfolg (Zwischenschritt) nicht möglich ist, denn Misserfolg und Erfolg gehen Hand in Hand. Wenn ein Baby laufen lernt, dann fällt es sehr häufig auf seinen in Windeln verpackten Hintern, bevor sich der Erfolg einstellt. Da aber jeder weiß, dass diese Misserfolge nötig sind, werden sie erst gar nicht als solche bezeichnet. Wenn wir *heute* etwas Neues lernen, dann soll uns das immer auf Anhieb gelingen. Erreichen wir dies nicht, verfallen wir in unsere Verlierermentalität und stellen unser ganzes Sein in Frage. Wir benötigen Fehlschläge und Misserfolge, sie sind die Meilensteine zum Erfolg.

Den inneren Schweinehund besiegen

Ich war vor einigen Jahren auf einem Seminar, bei dem es um Fitness ging. Im Speziellen war »tägliches Joggen« das Thema. Das Seminar war echt gut, so gut dass ich noch im Seminar ein echtes schlechtes Gewissen bekommen habe, bezogen auf meine sportlichen Aktivitäten. Ich machte mir sogar Vorwürfe, weil ich so mies mit meinem Körper umgegangen bin. Also entschloss ich mich, ab sofort jeden morgen eine halbe Stunde joggen zu gehen. Natürlich konnte mein Training nicht unmittelbar beginnen, ich musste mir ja zuerst noch eine gute Ausrüstung zulegen – man möchte ja auf alle Eventualitäten vorbereitet sein. Bis ich hierfür einen Termin frei hatte, dauerte das schon mal einige Tage. Dann aber ging ich mit den besten Vorsätzen in den nächsten Sportladen – shoppen war angesagt! Sportlich eingekleidet von Kopf bis Fuß, konnte es losgehen. Abends stellte ich mir den Wecker auf sechs Uhr. Joggen mit anschließendem gemütlichen duschen, frühstücken und niedlich aussehen, habe ich mal locker 120 Minuten einkalkuliert, sodass ich meine eigentliche Arbeit wie gewohnt gegen acht Uhr aufnehmen konnte.

Ich ging extra fünf Minuten früher schlafen als sonst, um am nächsten morgen auch wirklich voll fit zu sein - was leider nicht so funktionierte. Ich war alles andere als fit - morgens um sechs Uhr in Deutschland - dafür aber superaggressiv wegen dem grässlichen Ton meines Weckers. Als geübter Kampfsportler hatte ich den Handkantenschlag echt gut drauf, und so verpasste ich meinem Wecker einen solchen Schlag, dass diesem für immer die Lichter ausgingen und schlief dann weiter. Schnell habe ich gemerkt, dass es so nichts wird mit meinen guten Vorsätzen. Also habe ich meine Terminplanung über den Haufen geworfen und mich entschlossen, abends laufen zu gehen. Leider habe ich dieses Vorhaben nie als Termin eingetragen, weshalb ich ständig anderen Dingen den Vorzug gab. Das Ergebnis war, dass ich keine Zeit zu joggen hatte – so jedenfalls mein Alibi. Erst einige Jahre später war ich bereit zu erkennen, dass weder die Zeit noch der Wecker mein Problem waren, sondern:»Meine Gesundheit war mir einfach nicht wichtig genug«. Gesundheit stellte keinen *wichtigen Wert* für mich dar!
Unser innerer Schweinehund lässt sich ganz leicht besiegen, wenn wir unsere Werte verändern. Da ich das zum damaligen Zeitpunkt aber nicht wusste, hatte ich lange Zeit ein schlechtes Gewissen.

Ach ja, heute ist der Wert »Gesundheit« noch immer nicht ganz oben, ich gehe also immer noch nicht joggen. Aber die Klamotten, die habe ich noch – vielleicht ändere ich ja mein Wertesystem irgendwann einmal so ab, dass ich sie noch brauche. Wenn deine Werte nicht zu deinen Zielen passen oder dich sogar bei deinen Zielen behindern, dann kann es auch nichts werden, mit der Zielerreichung.

Steuersystem 4: Innerer Dialog

Nachdem eine Information unser Wertesystem passiert hat, gelangt sie zu unserem nächsten System: »Wir führen einen inneren Dialog zu der bereits mehrfach gefilterten Information, stellen Fragen und geben uns selbst Antworten darauf«. Das Ganze nennt man dann »Bewertungsprozess«. Aber Achtung, die Information hat nichts mehr mit der Wahrheit zu tun, da sie schon drei Filtersysteme durchlaufen hat. Was übrig bleibt ist nur unsere persönliche Vorstellung von der Wahrheit, unsere ganz eigene Landkarte von der Welt. Wir halten die in unserem Bewusstsein ankommende Information für die Wahrheit, für Realität. Das was wir als Realität betrachten, ist somit nichts anderes, wie der Blick durch die Brille unserer Vergangenheit. Eine bestenfalls subjektive Wahrheit.

E (Ereignis) + B (Bewertung/Bedeutung) = W (Wirkung)

Diese Formel zeigt auf, wie wir unsere Welt erfahren. Nicht die Ereignisse an sich sind jemals schlimm gewesen, sondern unsere Bewertung darüber. Welche Bedeutung wir den Ereignissen geben, entscheidet darüber, welche Wirkung wir erfahren. Diese Wirkung ist dann wiederum als ein weiteres Steuersystem zu betrachten, denn aus dieser Bewertung entsteht in uns ein Gefühl, eine Emotion ein »mental-emotionaler Zustand«.

Steuersystem 5: Mental-Emotionaler Zustand

Dieser mental-emotionale Zustand beeinflusst und verstärkt deinen Denk- und Bewertungsprozess, wodurch deine Emotionen noch intensiver werden. Aus diesem Zustand heraus treffen wir nun wichtige Entscheidungen – bewusst oder unbewusst – und verhalten uns entsprechend. Dieses Verhalten führt dann zwangsläufig zu einem Ergebnis, das zugleich als weitere Referenzerfahrung in unserer gigantischen Datenbank abgespeichert wird.

Kennst du diese verrückten Autofahrer, die auf Autobahnen so dicht auffahren, dass sie deine Nackenhaare zählen könnten? Die wild gestikulieren, weil du so dicht vor ihnen herfährst? Mal ehrlich, ganz schön bescheuert, oder? Weshalb verhalten sich diese Flachpfeifen so? Ganz einfach, weil Sie unter Zeitdruck stehen. Für Zuspätkommen liegen in deren Datenbank-System negative Referenzerfahrungen. Möglicherweise hat der Betroffene schon einmal einen großen Auftrag durch seine Unpünktlichkeit verloren, was zu einem beträchtlichen, finanziellen Schaden führte. Daraufhin hat er die Regel aufgestellt: »Wer zu spät kommt verliert viel Geld«. Da Geld für ihn jedoch einen wichtigen »Wert« darstellt, betrachtet er dich - der du so knapp vor ihm herfährst - als Gefahr und Bedrohung. Er sieht seine Geldscheinchen wegfliegen und gerät in einen mehr oder minder aggressiven Zustand, aus dem heraus er jetzt die (unbewusste) Entscheidung trifft, sich zu ärgern. Um diesen Ärger wieder loszuwerden, muss er explodieren, was sein wildes Verhalten mehr als deutlich zeigt. Nicht selten ist das Ergebnis dieses Verhaltens ein Unfall, Fahrverbot oder noch viel schlimmer für den Raser - ein kilometerlanger Mega-Stau, der Albtraum eines unter Zeitdruck stehenden Menschen.

Weder der Verkehr noch die Situation selbst ist das Problem, sondern lediglich die vorherrschende Bewertung und der daraus resultierende mental-emotionale Zustand. Hätte der Drängler gerade eben ein großes Geschäft abgeschlossen, das ihm einige Talerchen mehr aufs Konto spült, dann wäre er sicherlich viel geschmeidiger mit der Situation umgegangen. Wir alle erleben immer mal wieder Situationen, die uns aus der Haut fahren lassen, während wir einige Tage später die fast identische Situation erleben, hier aber völlig ruhig und gelassen reagieren. Der Unterschied ist einzig und alleine unser innerer Gemütszustand. Manchmal wachst du morgens auf und fühlst dich – ohne das erklären zu können - einfach mies. Du stehst auf, schlägst dir den großen Zeh am Bett an, die Zahnpasta tropft dir auf den Boden, du verschüttest den Kaffee und ein Desaster folgt dem anderen. Den ganzen Tag zieht sich das so hin, und abends sagst du dann zu deinem Partner: »Was für ein Katastrophentag, ich wäre heute besser im Bett geblieben«! Dabei war nicht der Tag dein Problem, sondern dein mieser Zustand am Morgen. Hättest du diesen aufgelöst, anstatt ihn zu ignorieren, dann wäre der Tag sicherlich angenehmer verlaufen.

Wenn du also nicht lernst, deinen mental-emotionalen Zustand zu kontrollieren, dann kontrollierst und steuert er dich!

Schaubild: Die mentalen Steuersysteme

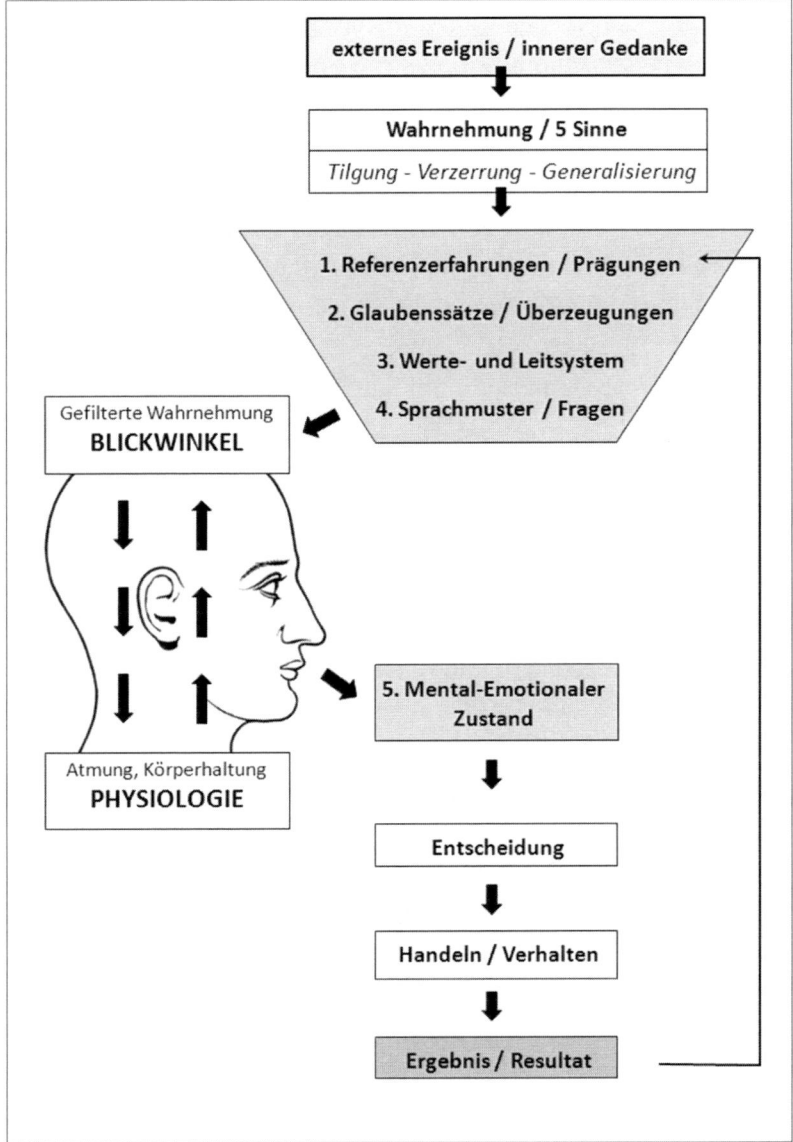

Erklärung des Schaubildes:

Ständig erhält unser Gehirn Impulse. Entweder durch externe Ereignisse, oder wir sind mit Denken beschäftigt. Diese Impulse werden von uns durch unsere fünf Sinne wahrgenommen. Wir nehmen die Welt wahr durch das, was wir sehen, hören, fühlen, riechen oder schmecken. Diese Wahrnehmung erfolgt in den meisten Fällen unbewusst, ebenso wie unser Denken. Dem Himmel sei Dank, denn wir würden von dieser Informationsflut ansonsten förmlich erschlagen. Unsere Wahrnehmung gelangt nun jedoch nicht auf direktem Wege in unser Bewusstsein, sondern wird zuvor gefiltert. Gerademal den Bruchteil einer Sekunde benötigen diese Impulse, um ein komplexes Filtersystem zu durchlaufen.

Erinnerst du dich noch an unser Beispiel auf »Seite 74« mit dem »Spatz in der Hand ...«? Hierbei handelte es sich um ein äußeres Ereignis, das du sofort mit deinen Referenzerfahrungen abgeglichen hast. Dabei hast du unbewusst eine wichtige Information einfach weggetilgt. Das Gelesene stimmte also nicht mehr mit dem Geschriebenen überein. Bei jedem Impuls stellen wir uns die unbewusste Frage, woher wir diese oder eine ähnliche Information bereits kennen. Sofort wird diese Frage geprüft – wie bei der Suchmaschine Google – und das relevanteste Ergebnis schießt uns ins Bewusstsein. Dass dieses Abfrage-Ergebnis nicht immer mit dem ursprünglichen Input zu tun hat, unterschlägt uns unser System ganz einfach. Wir aber glauben die Weisheit mit Löffeln gefressen zu haben und beharren auf unser scheinbares Recht - oder hättest du vorher nicht auch geglaubt, den Satz richtig gelesen zu haben?

Nachdem dieser Input nun mit unseren Referenzerfahrungen, Glaubenssätzen und Werten abgeglichen und durch Fragen bewertet wurde, erreicht die Information unser Bewusstsein (Information bedeutet: Der INput wurde in eine FORM gebracht). Wir nehmen darauf hin einen ganz bestimmten Blickwinkel ein, der sich augenblicklich auf unseren Körper auswirkt und unsere gesamte Körperhaltung, Atmung und viele weitere biochemischen Prozesse beeinflusst. Körper und Geist beeinflussen sich nun wechselseitig, so dass du einen mehr oder weniger starken mental-emotionalen Zustand erfährst. Aus diesem emotionalen Zustand heraus triffst du nun eine Entscheidung. Diese Entscheidung führt zu einem Verhalten oder zu einer Handlung, die ein entsprechendes Ergebnis oder Resultat zu Folge hat.

Verrückt ist, dass wir immer unsere Ergebnisse oder unsere Verhaltensmuster verändern wollen, nicht aber die zuständigen und ursächlichen Steuersysteme. Damit dir dieses Prinzip auch wirklich in Fleisch und Blut übergeht und du wirklich kapierst, wie du tatsächlich tickst, hier noch ein Beispiel aus dem alltäglichen Wahnsinn: ☺

Wie man sich definitiv keine Braut angelt

Es ist nun schon viele Jahre her und trotzdem erinnere ich den Abend noch wie gestern. Ich war knapp zwanzig Jahre alt, seit einigen Tagen wieder Single und wollte diesen Zustand unbedingt ändern. Also ab in die Disco nach Mädels gucken. Es dauerte nicht lange, bis mir da eine wirklich hübsche Maus ins Auge fiel, richtig süß, niedlich und einen Body – meine Herrn. (Hey, bitte nicht voreilig urteilen, über die inneren Werte konnte ich ja zu diesem Zeitpunkt noch nicht viel sagen. ☺) Ich nahm also diesen äußeren

Impuls wahr und wollte dieses Mädchen unbedingt ansprechen, aber irgendwie war ich wie festbetoniert, meine Lippen waren staubtrocken und ich bekam Herzrasen. Ich war nicht in der Lage, auch nur einen Schritt auf dieses Mädchen zuzugehen, so gelähmt war ich vor Angst. Meine Entscheidung, das Mädchen nach seinen inneren Werten zu checken, war wie davongeflogen. Ich war frustriert und enttäuscht über meine eigene Feigheit, holte mir noch ein Bierchen und hielt Ausschau nach meinen Freunden, die mich nun auf andere Gedanken bringen sollten.

Was aber hat mich in diesen miesen emotionalen Zustand gebracht und diese Angst verursacht?

Mein Filtersystem hat unmittelbar nachdem ich mich entschieden hatte, das Mädchen anzuquatschen, mein Referenzspeicher durchforstet und eine ältere Datei gefunden, bei der ich in einer ähnlichen Situation einen ganz üblen Korb bekommen hatte. Diese Erinnerung aktivierte all die alten Gefühle von damals erneut und ich spürte dieselbe Scham und Blamage noch einmal. Da eine meiner größten Schmerzgefühle »Angst vor Ablehnung und Zurückweisung« war und die Gefahr bestand, genau diese Ängste durch diesen Anmachversuch zu erfahren, blockierte mein komplettes Wertesystem. Ich führte einen inneren Dialog und fragte mich: »Was, wenn die mich genauso abserviert, wie die Maus damals? Vielleicht sogar noch vor ihren Freundinnen? Wie peinlich wäre das denn? Möchte ich dieses lebensbedrohliche Manöver wirklich starten«? Dieser Gedanke machte mir echt ne Scheißangst und so kam ich zu der Überzeugung: »Es ist gesünder und angenehmer alleine zu bleiben, als ein Mädchen anzusprechen und das Risiko der Voll-Blamage einzugehen«!

Aus meiner Angst heraus traf ich dann die Entscheidung, doch noch etwas länger Single zu bleiben. Meine nächste Handlung war das schon erwähnte Bierchen und das Resultat des Abends:»Frust pur«! (Keine Angst, heute bin ich fast schon darüber hinweg. Noch einige Stunden bei meinen Psychotherapeuten und ich bin fast wieder der Alte ☺).

Nach diesem Muster ticken wir alle. Unsere Ergebnisse werden somit von unseren Handlungen und unserem Verhalten bestimmt. Unser Verhalten resultiert aus einer Entscheidung, die aus unserem mental-emotionalen Zustand entsteht. Unsere Emotionen sind die Folge unserer bewussten oder unbewussten Bewertungen, die letztendlich in unseren Steuersystemen zu finden sind.

Vielleicht wird dir ja jetzt klar, wie wir so ticken?

Zusammenfassung:
Jeder Mensch besitzt und nutzt das mentale Navigationssystem bereits – ob bewusst oder unbewusst. Voraussetzung, um das mentale Navigationssystem bewusst in Betrieb zu nehmen, ist die Akzeptanz des aktuellen Ist-Zustandes. Danach benötigen wir ein klares und konkretes Ziel, das durch wiederholte, bildhafte und emotionsgeladene Gedanken in das Navigationssystem einprogrammiert wird.

Abschließend wird dieses Ziel mit fünf Steuersystemen abgeglichen, die perfekt auf das Ziel abgestimmt sein müssen. Wir benötigen dazu die passenden Referenzerfahrungen, förderliche Regeln bzw. Überzeugungen und Werte, die in Einklang mit unseren Zielen stehen.

Erst dann können wir unser Ziel als erreichbar bewerten und geben nicht gleich beim ersten Widerstand auf.

Wenn wir uns dann noch in einem spitzenmäßigen, mental-emotionalen Zustand befinden, dann ziehen wir logischerweise auch nur spitzenmäßige Ergebnisse an. Zielerreichung wäre die logische Konsequenz!

Dieser Prozess funktioniert im Positiven genauso exakt wie im Negativen, denn ob wir ein schönes oder ein grausames Ziel einprogrammieren, ist unserem mentalen Navigationssystem ziemlich wurscht.

Tipps:

1. Lese dieses zweite Kapitel nochmals durch, bevor du zum nächsten weitergehst. Es ist sehr wichtig, dass du dir der Funktionsweise deines mentalen Navigationssystems wirklich bewusst bist.

2. Spätestens jetzt solltest du dir die Materialien, die auf Seite 4 erwähnt wurden besorgen.

Die Kraft deiner Emotionen

Dein mentales Navigationssystem wird letztendlich programmiert durch deinen mental-emotionalen Zustand. Die Neu-Programmierung der anderen vier Steuersysteme dient letztlich nur dem einen Zweck, deinen mental-emotionalen Zustand zu verbessern. Auch die Wissenschaft hat nun bewiesen, dass es immer unsere Emotionen sind, mit denen wir unsere Umstände erschaffen. Ja, du liest richtig – die Wissenschaft hat dies bestätigt. Also nichts mehr mit abgehobener Esoterik oder verrückten Spinnern und Schwätzern, sondern wissenschaftliche Fakten.

Das 1991 gegründete HeartMath Institute ist mittlerweile weltweit bekannt geworden durch seine bahnbrechenden Entdeckungen. Das Institut führte jahrelange Forschungen durch, bezüglich der Kommunikation und Wechselbeziehung zwischen Gehirn und Herz. Im Vordergrund stand die Erforschung unserer Gefühle, wie sie entstehen und welcher Körperteil dafür verantwortlich sei. Dabei stellten die Wissenschaftler fest, dass das Herz auf drei Arten mit dem Gehirn kommuniziert.

1. Neural – also durch die Übermittlung von Nervenimpulsen
2. Biochemisch – über Hormone und Neurotransmitter
3. Biophysikalisch – über Druckwellen

Zusätzlich tauchten immer mehr Beweise dafür auf, dass es noch eine vierte Kommunikationsart geben müsste, die *„Energetische"* (Mit »energetisch« ist die Wechselwirkung im elektromagnetischen Feld gemeint). Über diesen Kommunikationsweg beeinflusst das Herz die Funktionen unseres Gehirns sowie alle anderen Körpersysteme maßgeblich. Im Rahmen verschiedenster

Untersuchungen stellte man fest, dass unser Herz von einem gigantischen Energiefeld umgeben ist, das einen Durchmesser von knapp drei Meter hat. Dieses elektromagnetische Feld des Herzens ist mit Abstand das stärkste des menschlichen Körpers; es ist ungefähr 5000-mal stärker als das des Gehirns. Dieses Kraftfeld durchdringt jede Zelle unseres Körpers und strahlt dabei noch weit über den Körper hinaus. Mit sogenannten »Magnetometern« wurden Ausstrahlungen von bis zu drei Metern gemessen.

Ist unser Herz der tatsächliche mental-emotionale Navigator?

In den unterschiedlichsten Experimenten wurde erkannt, dass die elektromagnetischen Felder des Herzens und des Gehirns miteinander interagieren und dass sowohl Herz als auch Gehirn besser synchronisiert ist, wenn wir unsere Aufmerksamkeit auf unser Herz richten. Die Experimente ergaben auch, dass die energetischen Informationen unseres Herzens nicht nur von unserem Gehirn registriert werden, sondern auch von den Menschen um uns herum.

Man entdeckte im weiteren Verlauf dieser experimentellen Untersuchungen, dass die elektromagnetischen Schwingungen, die vom Herzen ausgesandt werden, nicht alleine durch unsere Emotionen aufgebaut werden, sondern eben auch durch unser Glaubenssystem. Also durch all die Überzeugungen und Glaubenssätze, die wir tief in uns gespeichert halten und nach denen wir unser Leben aufbauen und führen. Und da diese Informationen nicht nur in unserem Gehirn, sondern vor allem auch in unserem Herzen gespeichert sind, wird über diesen Verstärker die Information ins Universum ausgesandt.

Falls dies alles zu kompliziert war, hier eine vereinfachte Erklärung:

Das was du fühlst ist 5000-mal stärker als das was du denkst. Wenn du also an einen Wunsch denkst, dich dabei aber schlecht fühlst, dann ist dein schlechtes Gefühl ein 5000-mal stärkerer Magnet, als der bloße Gedanke. Das ist auch der Grund, weshalb bei vielen Anwendern das Visualisieren von Wünschen zu keinem nennenswerten Ergebnis führt. Wenn dein Ziel nicht mit deinen Emotionen im Einklang steht, dann manifestiert sich das, was du emotional aussendest.

Unser oberstes Ziel muss daher sein, unsere Herzensenergie wahrzunehmen und diese so zu verändern, dass wir aussenden, was wir uns wünschen. Das bedeutet: »Unsere Emotionen müssen dasselbe ausdrücken, wie unsere Zielbilder und unsere Zielaffirmation«. Wenn wir uns also etwas wünschen, der Wunsch aber von Ängsten, Zweifel und Unglauben behaftet ist, dann wird dein Wunsch zu einem Alptraum, denn deine Emotionen sind 5000-mal stärker als der Wunsch. Du würdest in diesem Fall nur noch mehr Umstände in dein Leben ziehen, die dich noch mehr ängstigen und zweifeln lassen würden.

Auf den Punkt gebracht:
Nur was wir mit unserem Herzen fühlen und glauben, manifestiert sich – in welcher Richtung auch immer (positiv oder negativ – das ist dem Leben gleichgültig).

Kapitel 3: Werkzeuge zur mentalen Neu-Programmierung

Es gibt Menschen, die beobachten, wie sich etwas bewegt.
Menschen, die sich wundern, wenn sich etwas bewegt.
Menschen, die selbst etwas bewegen.

Verfasser unbekannt

Die EnBa-Methode (Energetische Balance)

Bevor wir nun damit beginnen, dein mentales Navigationssystem neu zu programmieren, wollen wir einige Werkzeuge kennen lernen, mit denen wir diese Programmierung vornehmen. Die EnBa-Methode ist eine Meridiantherapie, die durch den amerikanischen Psychologen »Roger Callahan« entwickelt und bekannt gemacht wurde. Dr. Callahan behandelte Anfang der 80er Jahre eine Patientin mit dem Namen »Mary«, die unter einer massiven Wasserphobie litt. Die Behandlung gestaltete sich schwierig, da Mary bereits *beim Anblick* von Wasser heftige phobische Reaktionen zeigte.

Zwischen den ersten Therapiestunden besuchte »Callahan« einen Kongress, wo er Erstaunliches über die Verbindung von Körper und Geist erfuhr. Er lernte die Meridiane und Energiebahnen des menschlichen Körpers kennen und ebenso Behandlungspunkte, mit denen man diese Meridiane behandeln konnte. Diese Behandlungspunkte sind übrigens seit Jahrtausenden bekannt und werden in der Traditionell-Chinesischen Medizin (TCM) zur Akupunktur verwendet.

Als Callahan nach seiner Rückkehr mit Mary arbeiten wollte, klagte diese über Übelkeit, worauf er ihren Magenmeridian (Magen 1) beklopfte. Die Übelkeit löste sich rasch auf und Callahan beabsichtigte, mit Mary weiter an ihren phobischen Reaktionen zu arbeiten. Auf einmal aber schrie Mary:»Roger«, sie ist weg! Mit großen Augen und erstauntem Blick rannte sie in den Garten, wo sich ein Pool befand. Callahan rannte ihr besorgt hinterher, Mary könnte sich schließlich in den Pool stürzten und ertrinken. Er fand sie dann auf den Knien am Beckenrand sitzend und beobachtete, wie Mary ihr Gesicht immer wieder ins Wasser tauchte und dabei freudig sagte:»Siehst du, sie ist weg«!

Zum Erstaunen von Callahan hatte sich die Phobie von Mary durch die Behandlung des Magenmeridians aufgelöst. Dr. Callahan entwickelte in den folgenden Jahren ein System, mit dem er unzählige seiner Patienten erfolgreich behandelte. Bald darauf bildete er auch andere Therapeuten aus, sodass sich diese Methode verbreiten konnte. Gary Craig war einer der ersten Schüler dieser Methode. Da Callahan um die Kraft seiner Methode wusste, ließ er sich diese auch mehr als gut bezahlen. Ungefähr 100.000 Dollar musste Gary Craig für diese Ausbildung bezahlen.

Garry Craig vereinfachte diese Methode im Laufe der Zeit, da er sie der Allgemeinheit zugänglich machen wollte und nannte seine Methode dann später EFT (Emotional Freedom Techniques). Die EnBa-Methode ist eine Zusammenfassung und Weiterentwicklung verschiedener Anwendungen der Meridiantherapien und hat sich bei Hunderten von Klienten als überaus effektiv herausgestellt.

Was zum Henker bedeutet: »Energetische Balance«?

Jedem Gedanke haftet eine mehr oder weniger starke Emotion an. Der Gedanke selbst ist daher neutral, erst die ihm anhaftende Emotion verleiht dem bildhaften Gedanken Kraft. Diese emotionale Kraft kann nun in zwei Richtungen gehen: »Entweder wir fühlen uns gut, oder eben schlecht«. Die EnBa-Methode hilft nun dabei, negative Emotionen von den bildhaften Gedanken zu *entkoppeln*. Nach dem du dein Thema mit EnBa bearbeitet hast, kannst du denselben Gedanken denken wie zuvor, jedoch ohne negative Emotion. Und da es immer unsere Emotionen sind, die ursächlich sind für das, was wir in unserer Leben ziehen, können wir mit Hilfe von EnBa Gedanken, Glaubenssätze und Überzeugungen entmachten und sie ins Positive transformieren.

Im Folgenden werden die effektivsten Anwendungen dieser Methode vorgestellt, sodass du diese sofort nutzen kannst, um die gewünschten Veränderungen herbeizuführen.

Die Balance-Punkte der EnBa-Methode

● **Der Korrekturpunkt:**

Nicht selten verhindern innere, unbewusste Sabotageprogramme unseren Erfolg. Wir machen, arbeiten, tun und kommen doch keinen Schritt vorwärts. Diese unbewussten Sabotageprogramme sind nichts anderes als Glaubenssätze und Überzeugungen, die genau das Gegenteil dessen bewirken, was wir wollen. Wir zielen darauf ab z.B. gesund werden, haben aber die Überzeugung, dass bei uns eh nichts hilft. Wir wollen viel Geld verdienen, glauben aber, dass wir dazu gar nicht fähig sind. Mit dem Klopfen der Korrekturpunkte behandeln wir solche inneren Einwände und Widerstände und lösen diese nachhaltig auf. Ebenso dient das Beklopfen dieser Punkte, um uns auf unsere Arbeit einzuschwingen.

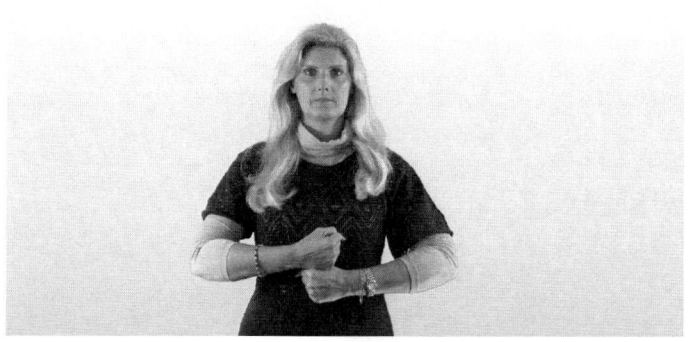

Bild 1/2: (Dickdarm 4) und (Dünndarm 3)

Die Fäuste werden in dieser Haltung aufeinander geklopft. Dabei wechseln wir nach jedem 3. Klopfen ab, so dass einmal die linke Faust unten ist, anschließend oben.

- **Kopf**

Bild 3: (höchste Stelle – Gouverneur 20)

- **Augenbraue**

Bild 5/6: (Blase 2)

- **Seite des Auges**

Bild 7/8: (Gallenblase 1)

- **Jochbein**

Bild 9/10: (Magen 1)

- **Unter der Nase**

Bild 6: (Gouverneur 26)

- **Kinn**

Bild 7: (Konzeptionsgefäß 24)

- **Schlüsselbein**

Bild 8: (Niere 25, 26 und 27)

- **Unterm Arm**

Bild 9: (Milz-Pankreas 21)

- **Handgelenk Innen**

Bild 10: (Perikard 6 und 7)

- **Hinterkopf**

Bild 11: (Gouverneur 17, Gallenblase 19, Blase 9, Reflexpunkte für Kleinhirn)

ÜBUNG 11:

Die praktische Anwendung der EnBa-Methode

● **Intensitäts-Skala: (Beispiel: Lust auf Schokolade)**

Besorge dir jetzt - zum Üben - wenn möglich ein Stück Schokolade. Lege dieses vor dich hin und prüfe, wie stark dein Verlangen auf einer Skala von 0 bis 10 nach diesem Stück Schokolade ist (Wenn du auf Schokolade nicht mit Lust reagierst, dann nimm eben etwas anderes). Dabei bedeutet 0 = überhaupt kein Verlangen und 10 = sehr großes Verlangen. Angenommen dein Verlangen wäre in etwa auf einer »7«, dann gehst du wie folgt vor:

Kein								X				**Starkes**
Verlangen	0	1	2	3	4	5	6	7	8	9	10	**Verlangen**

● **Korrektursatz:**

Auch wenn ich dieses starke Verlangen auf dieses Stück Schokolade habe, akzeptiere und achte ich mich voll und ganz!

Während du diesen Satz 3x wiederholst, klopfst du mit den Fäusten wie im Bild beschrieben - abwechselnd die linke und dann die rechte Faust oben – aufeinander und sprichst dabei deinen Korrektursatz. Mit dieser Klopfsequenz beginnen wir jede Anwendung.

● **EnBa-Punkte:**

Anschließend beklopfst du die restlichen EnBa-Punkte (Bild 2 bis 11) jeweils ca. 7x und sprichst dabei den folgenden Satz laut aus:

»Dieses starke Verlangen nach Schokolade«. Meist reicht es sogar aus, sich intensiv auf diesen Satz zu konzentrieren, was du jedoch ausprobieren solltest.

Nachdem du alle Punkte geklopft hast, prüfe wieder anhand deiner Emotionsskala, wie stark dein Verlangen jetzt ist. Ist der Wert auf z.b.»4« gesunken, so ist der Korrektursatz entsprechend zu ändern:

● **Korrektursatz:**

Auch wenn ich noch immer Verlangen auf dieses Stück Schokolade habe, akzeptiere und achte ich mich voll und ganz!

● **EnBa-Punkte:**

Dieses restliche Verlangen

Wiederhole diesen Prozess und passe nach jedem Durchgang deine Sätze an, bis du das Verlangen völlig aufgelöst hast. Die Methode funktioniert vom Ablauf bei jedem Thema genau gleich, nur die Sätze variieren. Wir werden darauf im praktischen Teil noch etwas näher eingehen.

Wenn das erwünschte Ergebnis ausbleibt!

Manchmal kann es sein, dass der Wert sich nicht, oder nicht weiter nach unten bringen lässt. In diesem Fall liegt dann höchstwahrscheinlich ein Sabotageprogramm vor, das in jedem Fall aufgelöst werden muss. Die Saboteure sind in der Regel in einem oder mehreren der folgenden neun Bereiche zu finden:

● **Fähigkeiten**

Auch wenn ich nicht über die erforderlichen *Fähigkeiten* verfüge, dieses Problem *(immer gegen das eigentliche Thema austauschen)* zu überwinden, akzeptiere und achte ich mich voll und ganz.

● **Willenskraft**

Auch wenn ich dieses Problem *(immer gegen das eigentliche Thema austauschen)* nicht überwinden *will* – aus welchen Gründen auch immer, akzeptiere und achte ich mich voll und ganz.

● **Bereitschaft**

Auch wenn ich gar nicht *bereit* bin, dieses Problem *(immer gegen das eigentliche Thema austauschen)* zu überwinden, akzeptiere und achte ich mich voll und ganz.

● **Verdienst**

Auch wenn ich es nicht *verdiene*, dieses Problem *(immer gegen das eigentliche Thema austauschen)* zu überwinden, akzeptiere und achte ich mich voll und ganz.

● **Engagement**

Auch wenn ich nicht *engagiert* genug bin, dieses Problem *(immer gegen das eigentliche Thema austauschen)* zu überwinden, akzeptiere und achte ich mich voll und ganz.

● **Glaube**

Auch wenn ich nicht *glauben* kann, dieses Problem *(immer gegen das eigentliche Thema austauschen)* zu überwinden, akzeptiere und achte ich mich voll und ganz.

Auch wenn ich nicht *glauben* kann, dieses Problem *(immer gegen das eigentliche Thema austauschen)* mit dieser Klopferei zu überwinden, akzeptiere und achte ich mich voll und ganz.

● **Erwartung**

Auch wenn ich gar nicht *erwarte*, dieses Problem *(immer gegen das eigentliche Thema austauschen)* zu überwinden, akzeptiere und achte ich mich voll und ganz.

● **Vorstellung**

Auch wenn ich mir überhaupt nicht *vorstellen* kann, dieses Problem *(immer gegen das eigentliche Thema austauschen)* zu überwinden, akzeptiere und achte ich mich voll und ganz.

● **Realität**

Auch wenn ich dieses Problem *(immer gegen das eigentliche Thema austauschen) nie überwinden* werde, akzeptiere und achte ich mich voll und ganz.

Wiederhole jeden Satz 3x und klopfe währenddessen deine *Korrekturpunkte*. Anschließend bearbeitest du das Thema weiter, indem du wieder deinen Problemsatz formulierst (z.B. dieses restliche Verlangen nach Schokolade) und dabei die EnBa-Punkte behandelst.

Führe diesen Prozess solange fort, bis du dich bei dem Gedanken an dein Thema (in unserem Beispiel die Süßigkeit) wohl fühlst und die negative Emotion vollständig entkoppelt wurde.

Die EnBa-Methode hilft dir, sämtliche negativen Emotionen aufzulösen, sodass es dir ein Leichtes sein wird, deine Schwingung selbst zu beeinflussen. Schauen wir uns nun das nächste Werkzeug an, nämlich die eigentliche Ziel-Programmier-Methode.

Die Macht des »kre-aktiven Denkens«

Kre-aktives Denken ist keine Magie, kein esoterischer Humbug, keine Zauberei, keine Schönmalerei und keine Spinnerei. Kre-aktives Denken ist vielmehr eine Methode, die du seit deiner Kindheit praktizierst und mittlerweile auch recht gut beherrschst - auch wenn dir das nicht bewusst ist. Das kre-aktive Denken besteht aus zwei Schritten:

1. **Gedanken bewusst *kre*-ieren**
2. **Gedanken *aktiv*-ieren**

Wir befinden uns in einem permanenten Schöpfungsprozess. Ständig kreieren wir Gedanken, laden diese mit starken Gefühlen auf und erschaffen so unsere Lebensumstände. Jeden Tag erschaffen wir so bis zu 60.000 Gedanken, die meisten davon ohne dass es uns bewusst ist. Dazu kommt, dass über 95% unserer Gedanken Wiederholungen sind, die oft seit Jahren immer wieder in unseren Köpfen ablaufen.

Auch an unseren unbewussten Gedanken haften negative Emotionen an, so dass wir uns durch ständige Wiederholung solcher Gedanken das Leben erschaffen, das wir erfahren. Erinnere dich an die Spielregel:»Die Welt ist, wofür du sie hältst«!

Diesen unbewussten Akt der Schöpfung können wir nur dadurch unterbrechen, indem wir »ganz bewusst« Gedanken des erwünschten Endzustandes erschaffen. Ein klares Ziel ist ein solcher Gedanke, daher solltest du genau wissen, was du möchtest. Wenn du z.B. 10.000 Euro monatlich verdienen möchtest, dann ist das ein erster Schritt. Es reicht jedoch nicht aus, ein Ziel einfach nur in schöne Worte zu kleiden. Was unser Navigator benötigt, ist eine klare bildhafte Vorstellung von unserem Ziel. Aber auch diese bildhafte Vorstellung reicht nicht aus, denn der Treibstoff zur Verwirklichung deiner Wünsche ist das Gefühl. Daher muss dein Gefühl exakt dasselbe ausdrücken, wie dein Ziel-Bild.

Das was du sagst, muss mit dem übereinstimmen was du dir vorstellst. Und was du dir vorstellst, muss mit deinen Emotionen im Einklang stehen. Ist dies nicht der Fall, dann gewinnen immer und ausnahmslos deine Emotionen. Wenn du gesund werden möchtest und du dir eine klare Vorstellung von deinem erwünschten Endzustand gemacht hast, aber innerlich voller Zweifel bist, dann wirst du Umstände in dein Leben ziehen, die noch mehr Zweifel in dir aktivieren. So will es das Gesetz der Anziehung.

Bevor du mit deinem kre-aktiven Denken bzw. Neuprogrammieren beginnst, wäre es ratsam, solche Zweifel mit Hilfe der EnBa-Methode aufzulösen. Dein Ziel würde sonst ein ewiger Traum bleiben. Jetzt kennst du auch den Grund, weshalb einige

Menschen mit solchen Methoden Erfolg haben, während sich bei den meisten Anderen nicht wirklich viel tut.

Wenn wir ein Ziel haben und die inneren Widerstände beseitigt sind, dann kann die eigentliche mentale Neuprogrammierung beginnen. Dazu stellen wir uns mental den erwünschten Endzustand mit all unseren Sinnen vor, und zwar so als wäre das Ziel bereits erreicht. Wir tauchen mental tief ein in unseren erwünschten Endzustand und sehen uns selbst am Ziel. Wir hören was zu hören ist und spüren, was wir empfinden wenn wir dieses Ziel erreicht haben. Diesen mentalen Film schauen wir uns mindestens einmal täglich an, besser wäre natürlich das mehrfache Training.

Optimal funktioniert diese mentale Neuprogrammierung im Alphazustand. Dies ist ein Entspannungszustand, in dem der Verstand wesentlich weniger Einwände vorbringt, als in unserem üblichen Wachbewusstsein.

Wenn du deine mentale Neuprogrammierung in Alpha durchführen möchtest, dann solltest du eine dafür geeignete Entspannungsübung erlernen, oder dir gleich unsere geführte MP3-Datei herunterladen, mit der du durch den ganzen Prozess geführt wirst.

Fülle einfach den Coupon im Anhang aus und bestelle unsere Mentaltrainings-CD gegen eine kleine Gebühr.

Du lernst später noch eine Übung kennen, mit der du diesen Alphazustand auch ohne diese CD erreichen kannst, du musst also nicht unbedingt schon wieder Geld in dich investieren. ☺

Hier nun nochmals die Schritte des kre-aktiven Denkens:

1. Wir benötigen ein Ziel
2. Wort, Vorstellung und Gefühl müssen exakt dasselbe aussagen
3. Durch kre-aktives Denken wird das Ziel an den Navigator übergeben
4. Wir beschäftigen uns mindestens 3 mal täglich mit unserem Ziel

Eine hervorragende Möglichkeit, um sich mit seinem Ziel zu befassen, sind ...

Affirmationen

Das menschliche Gehirn ist der komplexeste Teil des menschlichen Körpers und wohl eine der faszinierendsten Schöpfungen überhaupt. Dieses Organ steuert jeden Atemzug, jede Reaktion und alle biochemischen Abläufe in unserem Körper. Wir besitzen eine wahre Wundermaschine zwischen unseren Ohren, eine echte Hochleistungs-Schaltzentrale. Dieser mentale Super-Comupter besteht aus bis zu 100 Milliarden Nervenzellen und jede Nervenzelle steht mit bis zu 20.000 anderen Nervenzellen in direkter Kommunikation. Obwohl unser Gehirn an Gewicht nur etwa 2-3% unseres Körpergewichts beträgt, verbraucht es unter vollem Einsatz bis zu 60% der körpereigenen Energie.

Neueste Erkenntnisse aus der Hirnforschung bestätigen, dass unser Gehirn bis ins hohe Alter veränderbar und formbar ist und sich gezielt trainieren lässt – so Psychologin Prof. Dr. Herta Flor. Am

Zentralinstitut für seelische Gesundheit in Mannheim untersucht die Forscherin den Zusammenhang zwischen Gehirn und Psyche. Der Begriff »Plastizität« bezeichnet in der Neurowissenschaft die Veränderbarkeit und Formbarkeit des menschlichen Gehirns. Neuronale oder synaptische Plastizität umschreibt in der Hirnforschung die Verbindung zwischen den Nervenzellen. Unter Schmerzeinwirkung oder Training verdichtet sich das Netz an Nervenzellen im Gehirn und das entsprechende Areal vergrößert sich. Das Gehirn kann also seine synaptischen Komplexe und Verbindungen vollständig ändern und neue synaptische Verbindungen schaffen.

Der Mann mit nur einer Gehirnhälfte

Peter Schneider (Name geändert) steckt mitten in seinem Psychologie-Studium. Er spricht, lacht und fühlt sich wie jeder andere. Alles scheint ganz normal, doch das ist es nicht. Peter Schneider hat nämlich nur eine Gehirnhälfte. Im Alter von elf Jahren musste aufgrund einer lebensbedrohlichen Epilepsie die gesamte rechte Gehirnhälfte entfernt werden. Während der Jahre nach der Operation lernte die verbliebene Gehirnhälfte mit dem Verlust der anderen zu leben. Anfangs war für Peter Schneider alles, was seine rechte Gehirnhälfte verarbeitete, nicht mehr existent. Seine ganze linke Körperseite war wie weg, und er vermisste sie auch nicht. Im Laufe der Jahre lernte jedoch die linke Gehirnhälfte, all die Aufgaben mit zu übernehmen, die zuvor von der rechten Hirnhemisphäre erledigt wurden.

Unser Gehirn hat also die Fähigkeit, sich jederzeit vollkommen neu zu vernetzen. Neben der mentalen Neuprogrammierung sind daher auch Affirmationen ein sehr hilfreiches Werkzeug, solche neue synaptische Komplexe zu erschaffen. Alte Überzeugungen können gelöscht und neue, hilfreiche Überzeugungen können einprogrammiert werden. Überzeugungen und Glaubenssätze sind lediglich Ideen und Gedanken, denen wir ein hohes Maß an Wahrheitsgehalt zusprechen. Wenn du der Überzeugung bist, dass du »nie genügend Geld haben« wirst, dann ist das lediglich eine Idee, der du Glauben schenkst. Mit der Wahrheit hat dieser Gedanke nichts zu tun. Überzeugungen und Glaubenssätze entstehen meist durch Übernahme von Bezugspersonen, oder durch eigene Schlussfolgerungen. Werden diese mit Hilfe der EnBa-Methode neutralisiert, dann bleibt nur noch ein Gedanke übrig, der eine Möglichkeit darstellt. Nun kann stellvertretend eine hilfreiche Überzeugung etabliert werden.

Die Affirmation: »Geld fließt mir in Hülle um Fülle zu. Ich bin ein Geldmagnet und habe stets alles, um mir mein Leben so angenehm wie möglich zu gestalten«! – könnte nun durch häufiges Wiederholen und in Verbindung mit der EnBa-Methode einprogrammiert werden, so dass diese zu einer neuen Überzeugung wird. Die alte Überzeugung wäre durch diese neue Überzeugung ersetzt worden. Auf dieselbe Weise sind übrigens deine negativen Glaubenssätze entstanden. Erinnerst du dich noch an die bereist erwähnte Harvard-Studie, nach der wir jeden Tag und permanent mit negativen Suggestionen programmiert werden? Schauen wir uns nur an, wie einfach die Medien eine Angst verbreiten können, ob nun Schweinegrippe oder Rezession. Derzeit jammern alle über die Finanzkrise, doch die meisten Menschen hätten davon noch nicht einmal etwas mitbekommen, hätten die Medien nicht so exzessiv berichtet.

Affirmationen sind eine Form der Autosuggestion und sie werden zu einer selbsterfüllenden Prophezeiung, wenn du zuvor die Zweifel mit EnBa auflöst und sie dann eine längere Zeit mit Gefühl immer und immer wieder laut und bestimmt aussprichst. Es dauert einige Zeit, bis dein Gehirn diese neue Straße in deinem Gehirn so gebaut hat, dass sie stabil bleibt. Es ist vergleichbar mit einer Spur im Schnee. Erst geht einer voraus und spurt die Strecke, dann kommen viele andere nach, sodass aus der Spur ein Weg wird, der mit jedem Schritt fester und breiter wird. Mit Erfolg belohnt wird also der, der beharrlich übt – wie es Peter Schneider getan hat.

Und da du nun die wichtigsten Werkzeuge zur mentalen Neu-Programmierung kennst, wollen wir mit der Praxis beginnen.

Kapitel 4: **Neuprogrammierung deines mentalen Navigationssystems**

Es ist nicht genug, zu wissen, man muss es auch anwenden;
Es ist nicht genug, zu wollen, man muss es auch tun.

Johann Wolfgang von Goethe

Schritt 1: Wo stehe ich jetzt

Genug der Theorie, jetzt wollen wir kräftig in die Hände spucken und mit der praktischen Arbeit loslegen. Ich hoffe, du hast dir die Utensilien besorgt, die wir auf der Seite 9 erwähnt haben, denn jetzt wird durchgestartet. Auf *Seite 62 bis 86* hast du eine Standortanalyse durchgeführt und dir sind nun deine Baustellen bekannt und somit, was du nicht mehr möchtest. Solltest du diese Übung noch nicht durchgeführt haben, so gehe jetzt bitte zurück zu der Lebensbereich-Analyse und arbeite diese sorgfältig durch – natürlich nur, wenn du dich und dein Leben positiv verändern möchtest. Schau dir deine Lebensbereich-Analyse auf *Seite 57* jetzt nochmals genau an, insbesondere deine Baustellen. Stell dir dann die folgenden Fragen mit dem Verstand, antworte jedoch mit dem Herzen:

ÜBUNG 12:

Schmerzkörper-Aktivierung:

Wenn ich so weiter mache wie bisher und nichts verändere, mit welchen negativen Konsequenzen muss ich dann rechnen?

Welchen Preis muss ich im schlimmsten Fall bezahlen, wenn ich
alles so belasse und wieder nicht aus den Hüften komme?

Welche Auswirkungen und erheblichen Nachteile erfahre ich
schon jetzt aufgrund meiner Passivität?

Finanziell:

Emotional:

Körperlich:

Umfeld:

Wie genau sieht mein Leben in 5, 10, 15 und in 20 Jahren aus,
wenn ich nichts an meinem Verhalten oder meiner Situation
verändere?

in 5 Jahren:

in 10 Jahren:

in 15 Jahren:

in 20 Jahren:

Wie würde mein Leben in 5, 10, 15 und in 20 Jahren aussehen, wenn ich jetzt die Weichen entsprechend stelle und aktiv in mein Leben eingreife?

in 5 Jahren:

in 10 Jahren:

in 15 Jahren:

in 20 Jahren:

Welche Auswirkungen und massiven Vorteile hätte dieser kraftvolle Veränderungsprozess:

Finanziell:

Emotional:

Körperlich:

Umfeld:

Wie wäre mein Selbstvertrauen und Selbstwertgefühl, wenn ich mich und mein Leben jetzt verändere?

Welche Möglichkeiten hätte ich in meinem Leben zusätzlich, durch diese Veränderung?

Bin ich jetzt wirklich bereit, mein Leben nach meinen Wünschen zu verändern?

Ja ❑   Nein ❑

Unterzeichne deine Bereitschaft und Entscheidung:

Datum:

Unterschrift:

Wozu verpflichtest du dich, falls du wieder einen Rückzieher machst? (deine potentielle Passivität muss dir mehr Schmerz bereiten, als die Aktivität für deine gewünschte Veränderungsarbeit).

Schritt 2: Wo will ich hin?

Nachdem du nun ganz genau weißt, was du nicht willst, stellt sich die Frage: »Was willst du stattdessen«? Betrachte wieder deine Baustellen, denn daraus ergeben sich auch deine Ziele. Suche dir ca. 10 verschiedene Ziele heraus und arbeite diese nach dem folgenden Muster durch: (Beginne zumindest mit einem Ziel)

- **Formuliere dein Ziel in einer »Kurzaffirmation« und beachte dabei die Kriterien:**

- **Schreibe dein Ziel-Drehbuch**

  Stell dir nun vor, du würdest das Drehbuch für deinen Ziel-Film schreiben. Achte darauf, dass du alle Sinne nutzt.

  - Was also wirst du sehen, wenn du dein Ziel erreicht hast.
  - Wer wird bei dir sein?
  - Wo wirst du sein?
  - Was wirst du tun?
  - Was wirst du hören?
  - Werden andere Menschen etwas zu dir sagen?
  - Oder führst du einen inneren Dialog?
  - Wirst du das Meer rauschen hören, weil du an einem paradiesischen Ort feierst?
  - Gibt es sonstige Geräusche oder Stimmen zu hören?
  - Und wie fühlst du dich in dem Moment, wo du dein Ziel erreicht hast?

Beschreibe deinen emotionalen Zustand so gut wie möglich.

- Vielleicht spürst du zusätzlich Sonnenstrahlen auf deiner Haut?
- Der Wind, der dir beim Cabrio fahren durch die Haare weht?
- Ein freundliches Schulterklopfen eines Freundes, oder eine liebevolle Umarmung deines Partners?
- Und dann notiere, on auch etwas zu riechen oder zu schmecken ist?
- Vielleicht veranstaltest du ein Grillfest zu diesem Anlass, oder feierst bei einem leckeren Cocktail in der Karibik?

● Du benötigst starke Motive

Notiere nun mindestens 12 Motive, weshalb du dieses Ziel erreichen möchtest. Achte darauf, dass deine Motive »positiv« ausgedrückt sind.

Falsch wäre:
Weil ich dann endlich keine Schmerzen mehr habe.

Richtig wäre:
Weil ich mich dann kraftvoll und vollkommen gesund fühle.

Es ist okay, wenn sich die Gründe ähnlich sind, aber es sollten schon mindestens 12 Gründe sein. Denke bitte daran: »wenn es keine 12 Gründe gibt, weshalb du dieses Ziel gerne erreichen möchtest, dann lohnt es sich erst gar nicht, damit zu beginnen«.

● Überprüfe deine Ziele auf Ökologie und Sinnhaftigkeit

Überprüfe mit Hilfe der folgenden Fragen, ob die Ziele, die du dir gesetzt hast, auch wirklich sinnvoll für dich sind. Sollte

dem nicht so sein, so verändere deine Ziele solange, bis du zu
100 Prozent dahinter stehen kannst.

- Was gewinne ich durch das Erreichen dieses Ziels?
- Was gebe ich dadurch auf?
- Wie könnte meine Umgebung / Umwelt reagieren?
- Ist mein Ziel zum Wohle aller?
- Woran werde ich erkennen, dass ich mein Ziel erreicht
  habe?

● **Prüfe, ob dein Zielaffirmation und dein Drehbuch die
folgenden Kriterien erfüllt:**

- Ist dein Ziel ekstatisch?
- Ist dein Ziel positiv formuliert (Hin zu ...)?
- Ist deine Ziel-Affirmation absolut konkret und spezifisch?
- Hast du Leben in dein Ziel gebracht durch deine fünf
  Sinne?
- Ist dein Ziel vom erwünschten Endzustand aus formuliert?
- Ist dein Ziel glaubhaft und erreichbar?
- Ist dein Ziel von dir selbst initiierbar?
- Ist dein Ziel messbar?
- Hast du Absichtserklärungen und Weichmacher vermieden?
- Ist dein Ziel terminiert (Zielerreichung erfolgt so meist
  schneller)?
- Hast du Konflikte zwischen deine Zielen und Werten
  vermieden?
- Unterstützen sich deine Ziele gegenseitig?
- Hast du dein Ziel auf Sinnhaftigkeit und Ökologie über-
  prüft?

- Hast du dein Ziel in allen Einzelheiten inkl. Motive aufgeschrieben?
- Bist du bereit, dich täglich mindestens 3-mal mit deinem Ziel zu befassen?

Löse deine möglicherweise vorhandene, zwanghafte Bedürftigkeit auf

Beantworte die folgenden Fragen und prüfe, ob eine zwanghafte Bedürftigkeit vorliegt. Jede Frage, die du mit „JA" beantwortest, ist mit Hilfe der EnBa-Methode zu bearbeiten, bis die negative Emotion dahinter aufgelöst ist.

- Fühlst du dich schlecht bei dem Gedanken weiterhin ohne das Gewünschte bleiben zu müssen?
- Ist dein Glücksgefühl abhängig von dem Erreichen dieses Wunsches?
- Fühlst du dich frustriert oder verzweifelt, wenn das Gewünschte niemals eintritt?
- Drehen sich viele Gedanken am Tag darum, wie du deine zwanghafte Bedürftigkeit befriedigen kannst?
- Bist du neidisch auf Menschen, die genau das haben, was du dir wünschst und steigt sogar Wut, Ärger oder Zorn in dir auf?
- Bekommst du Angst und Panik, wenn das Gewünschte unerreichbar bleibt?
- Bist du häufig unzufrieden und unglücklich, weil du das Gewünschte nicht hast?
- Bis du ab und an verzweifelt und frustriert über deine Situation?

Mit der EnBa-Methode auflösen:

Angenommen du hast die Frage a) mit »Ja« beantwortet, dann frage dich: »Wie schlecht fühle ich mich auf einer Skala von 0 - 10, wenn ich daran denke, weiterhin ohne das Gewünschte bleiben zu müssen«.

Angenommen, du wärst hier bei einer »8«, so gehe wie folgt vor:

(Wenn nachfolgend »Handkante«, oder »alle Punkte« steht, dann klopfe den Handkantenpunkt, oder eben alle anderen Punkte.)

Handkante: Auch wenn ich mich total schlecht fühle, wenn ich weiterhin ohne ... (dein Ziel) bleiben muss, akzeptiere und achte ich mich voll und ganz.
(3-mal wiederholen)

Alle Punkte: Ich fühle mich total schlecht, wenn ich ... (dein Ziel) nicht bekomme.

Skala: Wie fühle ich mich nun auf einer Skala von 0 bis 10, wenn ich daran denke, weiterhin ohne das Gewünschte bleiben zu müssen?

Bearbeite so jede Frage die du mit »Ja« beantwortet hast, bis du deine negativen Gefühle und zwanghafte Bedürftigkeit aufgelöst hast.

● **Entkopple deine negativen Gefühle von deiner Ziel-Affirmation**

Bevor du deine Ziel-Affirmation wirklich effektiv nutzen kannst, musst du mögliche Zweifel und negative Emotionen zuvor entkoppeln. Dazu gehst du wie folgt vor:

Sprich deine Affirmation laut aus und achte darauf, ob bzw. welche inneren Einwände an die Oberfläche deines Bewusstseins kommen.

Beispiel:
Du wiegst 120 Kilo und sprichst die Affirmation: *»Ich bin froh, glücklich und dankbar, denn ich habe mein Idealgewicht erreicht und wiege exakt 85 Kilogramm«.* Nun kann es sein, dass eine ganze Kette von inneren Einwänden in dein Köpfchen schießen, die dann in etwa so klingen könnten:

- *Bin ich eigentlich bescheuert? Ich labere hier doch nur Bullshit. Ein Blick in den Spiegel reicht und jeder kann sehen, dass diese Affirmation Blödsinn ist.*
- *Ich bin fett und bleibe fett.*
- *Wenn das so einfach wäre, dann würde doch jeder nur etwas vor sich hin plappern und wäre rank und schlank.*
- *Ich kann eh nicht glauben, dass das bei mir helfen soll.*

Möglicherweise wirst du bombardiert mit solchen Negativ-Raketen. Was also ist zu tun? Wiederhole deine Affirmation immer und immer wieder. Achte dabei auf deine Einwände und klopfe dabei jeden einzelnen EnBa-Punkt. Du beginnst mit dem »Klopfen der Augenbraue«, während du deine Affirmation sprichst. Werde dann, während du die Augenbraue weiter beklopfst, ruhig und achte auf deine Einwände. Nimm die

Einwände einfach wahr und klopfe noch einige Male weiter. Gehe dann so alle Punkte durch. Führe diesen Prozess solange durch, bis du dich beim Sprechen der Affirmation gut fühlst und glauben kannst, was du da sprichst. Manchmal musst du diesen Prozess mehrmals täglich über einige Tage hinweg durchführen, bis du deine innere Überzeugung verändert hast. Eines ist aber sicher: »Es lohnt sich ganz gewiss«! ☺

Sobald deine Affirmationen von den negativen Einwänden entkoppelt wurden gilt: Wiederhole deine Affirmation während des Tages so oft wie möglich. Achte darauf, dass du diese Affirmationen mit den entsprechenden Emotionen sagst und nicht einfach so herunter betest! Setze deinen ganzen Körper ein, um die Affirmation mit der entsprechenden Emotion aufzuladen.

● **Beschäftige dich täglich mindestens 3-mal mit deinem Ziel**

Lese dir dein Ziel-Drehbuch durch, inklusive deiner Motive. Sprich häufig deine Affirmationen (wir haben so viele Leerlaufzeiten, die wir optimal nutzen können – z.b. beim Autofahren, auf dem WC, usw.). Praktiziere dann noch einmal täglich das kre-aktive Denken, und du wirst sehen: Dein Wunsch wird bald Realität, wenn deine Steuersysteme richtig programmiert sind.

Schritt 3: Steuersysteme überprüfen und optimieren

Nachdem du nun genau weißt wo du stehst und du ein klares Ziel vor Augen hast, sind noch deine Steuersysteme zu überprüfen und zu optimieren. Deine Steuersysteme – um nochmals darauf hinzuweisen - sind unbewusste Programme, die dein Leben steuern und bilden zusammen dein Betriebssystem, ähnlich wie bei einem Computer. Wer mit einem Windows-PC arbeitet, der kann die Software von einem Mac-PC nicht verwenden. Wenn deine Steuersysteme auf »Mangel« programmiert sind, dann wird »Fülle« von diesem System nicht akzeptiert. Also müssen wir zuerst das Betriebssystem entsprechend verändern.

Referenzerfahrungen und Prägungen

Unser mentaler Speicher ist voll mit Informationen jeglicher Art, und zu allen Informationen gibt es zwei unterschiedliche Datenbanken: »eine Positive und eine Negative«. Schau dir dazu mal bitte die folgenden Zahlen an:

1 x 8 = 8
2 x 8 = 16
3 x 8 = 25
4 x 8 = 32
5 x 8 = 40

Fällt dir etwas auf?

Du hast soeben einer deiner beiden Datenbanken angezapft, entweder die Negative oder die Positive. Wenn du sofort erkannt hast, dass vier Ergebnisse stimmen, dann hast du deine Positiv-

Datenbank aktiviert. Wahrscheinlich aber ist dir der Fehler 3 x 8 = 25 sofort ins Auge gefallen. Damit hättest du deine Negativ-Datenbank angezapft, was in den meisten Fällen bei dieser Übung auch geschieht. Ist dir schon mal aufgefallen, dass wir unsere Aufmerksamkeit meist auf die negativen Dinge in unserem Leben richten?

Um sich dessen bewusster zu werden, beantworte doch bitte einmal die folgenden Fragen:

- Wie geht es dir jetzt gerade?
- Bist du glücklich mit deinem Leben?
- Bist du zufrieden?

Was also tun wir, um diese Fragen zu beantworten? Wir stellen uns selbst weitere Fragen!

- Tut mir irgendetwas weh? Habe ich Schmerzen? Fühle ich mich irgendwie schlecht? Nein? Ja dann geht es mir gut.
- Habe ich alles was ich möchte? Was fehlt noch zu meinem Glück? Was macht mich unglücklich? Was bräuchte ich noch?
- Was stimmt mich in meinem Leben unzufrieden? Was ist noch nicht optimal? Was müsste sich noch verändern?

Wir haben die Angewohnheit, unsere Aufmerksamkeit auf das Negative auszurichten, also auf das was fehlt, sich krank anfühlt, unzufrieden macht oder sich noch verändern müsste.

- Weshalb könntest du dich jetzt gerade gut fühlen, wenn du nur wolltest?
- Weshalb könntest du glücklich sein mit deinem Leben, wenn du nur wolltest?
- Weshalb könntest du zufrieden sein, wenn du nur wolltest?

Wenn du diese Fragen beantwortet hast, dann wurde dein Speicher nach Gründen durchsucht, die dafür sorgen, dass du dich gut fühlen kannst. Vielleicht wurde dir bewusst, wie gut es dir geht, währenddessen es viele Menschen gibt, die gerade mit dem Leben ringen, einen geliebten Menschen verloren haben, oder heute nicht wissen, was Sie essen könnten. Vielleicht hast du erkannt, dass du glücklich sein könntest, weil du in einem so reichen Land lebst, ein Dach über dem Kopf hast, immer etwas zu essen und zu trinken hat, einen recht gesunden Körper besitzt und Menschen um dich hast, die dich lieben.

Wir haben also zu beinahe jeder Situation ausreichende Informationen in unserem Unterbewusstsein abgespeichert. Welche Datenbank wir anzapfen hängt davon ab, worauf wir unseren Fokus richten. Du hast genügend Erfahrungen in deinem Leben gemacht und verfügst somit über ausreichend Bestätigungen, um all deine Ziele zu erreichen, aber ebenso viele, um Angst vor Versagen zu haben. Wir finden also für jede Meinung und jede Überzeugung *förderliche* wie auch *einschränkende* Bestätigungen.

Worauf wir unseren Fokus richten und welche Fragen wir uns stellen, entscheidet darüber, welche Datenbank genutzt wird.

Welche Referenzerfahrungen würden mein Ziel unterstützen?

Wenn wir uns ein Ziel setzen und dieses erreichen wollen, dann benötigen wir Referenzerfahrungen, die uns in unserem Vorhaben stärken.

Welche Erfahrungen benötige ich, um dieses Ziel zu erreichen.
Notiere, welche Erfahrungen erforderlich sind. Liste auf was dir einfällt und frage dich immer wieder: »Welche nützlichen Erfahrungen müsste ich noch haben, um mein Ziel zu erreichen«?

Welche dieser Erfahrungen habe ich bereits?
Lass dir Zeit bis du soviele gefunden hast, dass du dich gut fühlst. Liste alles auf, was dir bestätigt, dass du dein Ziel auch wirklich erreichen kannst.

Wie kann ich meine benötigen Referenzerfahrungen erweitern??
Wo findest du weitere Referenzerfahrungen? Könntest du Bücher darüber lesen? Andere Menschen fragen, die das schon erreicht haben, was du möchtest?

Wenn du nicht weißt, wie du deine Referenzerfahrungen erweitern kannst, dann nutze die Macht deiner Vorstellung. Unser Navigator (Unterbewusst-sein) kann nicht zwischen einer Vorstellung und Realität unterscheiden. Stell dir doch nur einmal vor, du würdest eine Scheibe Zitrone in Händen halten, deinen Mund öffnen und kräftig zubeißen! Sofort wird von deinem Körper mehr Speichel produziert und im Körper zieht sich alles zusammen. Tatsächlich war da natürlich nie eine Zitrone, sondern nur eine Vorstellung davon. Unser Navigator reagiert somit auf Vorstellungen gleich wie auf die Realität. Das kennen die meisten Menschen – vor allen Dingen wir Männer – ganz gut aus dem Bereich der Sexualität. Was da alleine die Vorstellung bewirkt …, aber das weißt du ja selbst! ☺

Nutze dieses Wissen. Wenn du zu deinem Ziel über keine förderlichen Referenzerfahrungen verfügst, dann müssen da ja jede Menge Negativ-Erlebnisse abgespeichert sein. Erinnere dich an diese Erfahrungen und erlebe diese um. Du verfügst heute über ganz andere Fähigkeiten, andere Ressourcen und Verhaltensmuster als damals. Stell dir dann in allen Sinnen vor, wie du dieselbe Situation wie damals nochmals erlebst, allerdings mit deinen Fähigkeiten von heute. Erlebe dich in deinem besten Zustand und spüre, wie sich die Erfahrung so gestaltet, wie du es möchtest. Wichtig ist, dass sich diese Imagination so anfühlt, als wäre es jetzt gerade so geschehen. Gehe auf diese Weise deine negativen Erfahrungen durch und erlebe sie mental um. Auf diese Weise programmierst du dein gesamtes System um.

Schlagfertig auf Teufel komm raus

Die eben erwähnte Methode hat mein eigenes Leben in unbeschreiblichem Maße verändert. Ich erinnere mich noch sehr gut an die Zeit, in der ich von meinen Mitschülern gehänselt wurde. Jeden Tag musste ich mir von diesen geistigen Tieffliegern irgendwelche blöden Sprüche anhören, nur weil sie wussten, dass ich meine Kiemen nicht auseinanderbekam. Es ist ja nicht so, dass ich nicht gewusst hätte, was ich auf diese geistreichen Sprüche hätte antworten können, dass Problem war: »Ich wusste die passende Antwort meist erst einige Stunden später, nachdem der erste Schick verdaut war«. Irgendwann einmal begann ich damit, mir abends die ganze Situation mit diesen sprücheklopfenden Superpfeifen nochmals vorzustellen, jetzt aber war ich bewaffnet bis an die Zähne mit pfiffigen Antworten. Nun, ich hatte ja jede Menge Zeit, mir die besten Sätze auszudenken und so tauchte ich mit diesen Waffen mental nochmals ein in diese Vorstellung. Ich erlebte dieselbe Situation wie am Morgen, doch dieses Mal war da nicht das große Schweigen im Walde. Nein, ich verpasste in meiner Vorstellung meinen Gegnern so dermaßen verbale Ohrfeigen, dass diese vor Scham erröteten. Was für ein geiles Gefühl, es diesen Typen so richtig gezeigt zu haben. Auf diese Weise verarbeitete ich meine täglichen widerkehrenden Traumatas und wurde mit jedem Tag genialer mit meinen Antworten – bisher allerdings nur in meiner mentalen Vorstellung.

An einem Freitagmorgen, es war gerade große Pause, warteten diese Idioten schon wieder auf mich, um mir wieder einmal einen blöden Spruch reinzudrücken. Einmal mehr wollten sich diese Clowns auf meine Kosten amüsieren und sich an meiner Reaktion belustigen. Natürlich vor versammelter Mannschaft, sonst wäre das ja nicht wirklich lustig gewesen. Thomas, so hieß der Oberclown dieser geistig umnachteten Truppe, hat mal wieder so einen typisch flachen Spruch abgedrückt und wollte selbst gerade in einen großen Lachanfall übergehen, als ich – ohne dies steuern zu können – konterte. Ich habe dieser Knalltüte zwei bis drei Antworteten gegeben, die ihn so dermaßen kalt erwischten, das er kaum noch Luft bekam und wie schockgefroren dastand. Der Hammer dabei war, dass alle Anwesenden wie immer kräftig am Lachen waren, nun aber nicht mehr auf meine Kosten. Einer der Zuhörer zeigte mit dem Finger auf mein Gegenüber und lachte über ihn. Ohne mich bremsen zu können, verpasste ich auch diesem Kerl eine verbale Ohrfeige, so dass auch der fast zu hyperventilieren begann. Ich wurde innerlich so stark und hoffte nur noch darauf, das einer mehr den Mund auf macht, um mich verbal zu attackieren, doch das geschah nicht – nie mehr! Meine Angst, vor solchen Sprücheklopfern war wie verflogen und ich wusste, was dieses tägliche, mentale Training bewirkt hatte. Mein Navigator unterschied nicht mehr zwischen Vorstellung und Realität, es war ja mittlerweile normal geworden, das ich schlagfertig antwortete – jedenfalls mental. Und so geschah auch real, was in meiner Vorstellung täglich ablief. Ich war schlagfertig und redegewandt geworden und blieb dabei stets ruhig und gelassen.

Diese Methode habe ich im Laufe der Jahre für die unterschiedlichsten Dinge eingesetzt und tue es heute noch. Diese einfache Technik alleine kann dein ganzes Leben verändern, wenn du nur drei einfache Schritte beachtest:

Erlebe die Situation mit all deinen Sinnen um. Erlebe alles so, als würde es jetzt, in diesem Augenblick geschehen. Spüre dann, wie gut es sich anfühlt, so reagiert oder gehandelt zu haben und genieße dieses Gefühl der Kraft, Stärke und dann sei dankbar.

Noch heute gehe ich jeden Abend auf diese Weise meinen Tag mental durch. Jedes Verhalten das mir nicht gefällt, wird auf diese Weise umerlebt. Mein Navigator erhält ein alternatives Verhaltensmuster, das mir nach einigen Trainings in realen Situationen immer auch zur Verfügung steht. Mein Glaube an meine Fähigkeit verstärkt sich so mit jedem Tag mehr und mehr.

● **Ich garantiere dir:**

Wenn du nur diese Methode aus diesem Buch umsetzt, dann hat sich deine Investition mehr als gelohnt.

Nutze diese Methode nun, um dir genau die Referenzerfahrungen zu erschaffen, die für dein Ziel nützlich und förderlich sind. Denke immer daran, dass unseren Gedanken und Vorstellungen keine Grenzen gesetzt sind, alles ist möglich. Alles was heute existiert, war irgendwann nur ein Gedanke. Daher beginnt deine mentale Neuprogrammierung auch im Denken. Wenn es dir dann noch gelingt, diese Gedanken ins Gefühl zu bringen, mit einem starken Gefühl des Glaubens und der Dankbarkeit aufzuladen, dann hast du begonnen, dein Leben bewusst und selbstbestimmt zu erschaffen.

Fragen, Sprachmuster und Selbstgespräche

Erfolgreiche und glückliche Menschen sind gute Kommunikatoren. Sie verstehen es meisterhaft, mit sich selbst und anderen zu kommunizieren. Dabei wissen sie, dass die Art und Weise, wie wir mit anderen Menschen kommunizieren, von unserer inneren Kommunikation abhängt. Was aber ist mit innerer Kommunikation gemeint?

Wir alle befinden uns in einem ständigen, leider meist unbewussten, inneren Dialog. Wir führen ständig Selbstgespräche, stellen uns Fragen und geben uns selbst auch die Antworten. Unsere Antworten sind dabei immer die Folge vorangegangener Fragen. Vielleicht hast du dich gerade gefragt, ob das tatsächlich stimmen kann und möglicherweise konntest du dann dieser Aussage auch faktisch zustimmen. Denken ist somit nichts anderes als ein ständiges, mentales Frage- und Antwortspiel. Die Formulierung deiner Fragen entscheiden darüber, welche deiner beiden Datenbanken für die Antwort angezapft, bzw. welche Datenbank nach der passenden Antwort durchforstet wird.

Beispiel:
Stell dir vor, du bist auf der Autobahn unterwegs zu einem für dich sehr wichtigen Kundentermin. Du bist schon etwas spät dran und gerätst dann noch in einen kilometerlangen Stau. Wie reagierst du?

In jedem Fall stellst du dir mentale Fragen, beantwortest diese und erfährst so einen entsprechenden emotionalen Zustand. Wenn du dir lösungsorientierte Fragen stellst, bleibst du ruhig und gelassen; sind deine Fragen auf das Problem fokussiert, erfährst du emotionalen Stress auf höchstem Niveau. Deine Emotionen werden somit von den Fragen bestimmt, die du dir selbst mental stellst.

Problemorientierte Fragen:

- Was passiert, wenn ich diesen Termin nicht wahrnehmen kann?
- Wenn der Kunde schon weg ist?
- Wie soll ich dann noch den Geschäftsabschluss tätigen?
- Wie soll ich meinem Partner erklären, dass mir dieser fette Auftrag durch die Lappen ging?
- Was ist, wenn ich raugeschmissen werde?

Lösungsorientierte Fragen wären:

- Was kann ich jetzt tun, um meinem Gesprächspartner mitzuteilen, dass ich nicht rechtzeitig zum vereinbarten Termin erscheinen kann?
- Wie kann ich einen möglichen Auftragsverlust schnell wieder korrigieren?
- Wie könnte ich einen neuen Termin bekommen, sollte der Kunde nicht mehr da sein, wenn ich eintreffe.
- Wie könnte ich den Kunden versöhnlich stimmen, falls er sich über meine Unpünktlichkeit ärgert.

- Welche Aussage oder welcher Hinweis könnte ihn daran erinnern, dass er selbst sicherlich schon mal zu spät zu einem Termin kam.

Kannst du dir vorstellen, dass man sich mit lösungsorientierten Fragen besser fühlt, als mit Problemorientierten? Deine Fragen bestimmen, worauf du deine Aufmerksamkeit richtest und mit deiner Aufmerksamkeit erschaffst du dir deine Wirklichkeit. Tatsächlich gibt es sowieso keinen sinnvollen Grund, sich auf ein Problem zu fokussieren, es sei denn, man steht auf emotionale Schmerzen. Leider tun wir aber genau das zuhauf. Wir vergewaltigen und sabotieren uns selbst durch unsere mangelhafte und destruktive Kommunikation. Ähnlich geschieht uns das auch bei unseren Zielen und Wünschen. Wir setzen uns ein Ziel, sind bis unter die Haarspitzen motiviert und begeistert, bis dann ab und an mal ein Hauch von Zweifel aufkommt, dieses Ziel auch wirklich erreichen zu können. Ob wir uns dann fragen ….

- Was ist, wenn ich mein Ziel nie erreiche?
- Wie werde ich mich dann fühlen?"
- Was werden andere denken, wenn ich versagt habe?

– oder –

- Was kann ich tun, um meinen Glauben an mein Ziel zu stärken?
- Wie wird es sich anfühlen, wen ich mein Ziel erreiche?
- Wo werde ich sein?
- Mit wem?
- Wie werde ich meinen Erfolg feiern.

... macht doch einen gewaltigen Unterschied, oder?

Deine nächste Aufgabe besteht nun darin, Fragen zu formulieren, die dich aus einem möglichen Zweifel wieder in deine Ziel-Schwingung katapultieren. Welche Fragen könntest du dir also stellen, um deine Aufmerksamkeit voll und ganz auf dein Ziel zu lenken?

ÜBUNG 13:

Zielfragen: Top-Zustände erreichen durch Fragen

Notiere mindestens 10 Zielfragen und achte darauf, dass dich die Fragen in einen guten emotionalen Zustand, in eine hohe Schwingung befördern. Nur so kannst du Zweifel verjagen und das in dein Leben ziehen, was du auch wirklich möchtest.

Sollte es dir etwas schwer fallen, die richtigen Fragen zu formulieren, so beginne einfach mit deinen Sinnen. Notiere was du sehen, hören, fühlen, riechen und schmecken wirst, wenn du dein Ziel reicht hast. Mach dir dann bewusst, was es dir geben wird. Frage dich, weshalb du dieses Ziel erreichen möchtest und frage immer weiter nach dem »weshalb«, bis du in dir einen guten Zustand erreicht hast.

Beispiele:

- Weshalb möchte ich dieses Ziel erreichen?
- Was werde ich sehen, wenn ich am Ziel angekommen bin?
- Was werde ich zu mir selbst sagen?
- Was werden andere sagen?

- Was werde ich fühlen?
- Wie wird es sich anfühlen?
- Werde ich stolz auf mich sein?
- Glücklich?
- Was gibt mir dieses Ziel?
- Was dahinter ist mir noch viel wichtiger?
- usw.

Notiere deine Fragen nun auf einer kleinen Kartei-Karte, sodass du die Karte immer mit dir führen kannst. Steck diese Karte in deinen Geldbeutel und hol sie heraus, wenn du zweifelst, dich schlecht fühlst oder einen guten Zustand erreichen möchtest.

Wenn du es verstehst, dir selbst die richtigen Fragen zu stellen, dann wird dein ganzes Leben auf spielerische Weise einfacher. Du beherrschst dann die Kunst, bewusst deine Aufmerksamkeit zu lenken und bist dadurch in der Lage, dein Leben nach deinen Wünschen zu gestalten. Ich selbst habe die Macht der Fragen schon in den verrücktesten Situationen eingesetzt, sogar beim Zahnarzt.

Um ehrlich zu sein, ich gehöre nicht zu denen, die gerne zum Zahnarzt gehen. Dazu kommt, dass ich im Bereich des Mundes auch noch sehr schmerzempfindlich bin. Und wenn dann dieser Brutalo in meinem Mund herumhantiert, als wäre er ein Schlosser, dann macht es für mich sehr viel Sinn, meine Aufmerksamkeit auf etwas anders zu lenken. Also frage ich mich: »Wie werde ich mich in dem Moment fühlen, wenn ich die Praxis verlasse? Wenn ich es geschafft (und überlebt ☺) habe? Wie wird es mir heute Abend gehen, bei einem leckeren Essen und süffigem Wein«? Ich stelle mir so viele Fragen und tauche dann mit allen Sinnen in meine Antworten ein, dass ich die Behandlung einfach gelassener und entspannter erlebe. Manchmal reicht mir schon die Frage: »Wie fühlt sich mein linker Fuß an«? Ich richte dann meine ganze Aufmerksamkeit auf meinen Fuß, statt wie sonst nur auf den nächsten Schmerz. Ich bin dann immer beeindruckt, wenn mein Rücken langsam wieder die Stuhllehne des Folterstuhls berührt und sich meine angespannte bzw. verkrampfte Haltung normalisiert.

Auch in gesundheitlichen Dingen ist »Fragen« ein kraftvolles Medikament. Wir alle erleben es hin und wieder, dass uns mal etwas schmerzt oder wir krank werden. Nicht selten bedauern wir uns dabei, als wären wir schlimmer dran, als der Rest der Welt. Wir richten unsere gesamte Aufmerksamkeit auf das Problem. Uns geht es ja soooo schlecht und wir hoffen darauf, dass die ganze Welt uns bedauert. Wir schreien nach Aufmerksamkeit und haben noch immer nicht geschnallt, dass Jammerlappen nicht wirklich unterhaltsam sind und die meisten Menschen solche Typen eher meiden, als dass Sie Ihre Gesellschaft suchen würden.

Zurück zum Thema: Statt zu jammern könnten wir nun direkt Einfluss nehmen auf unseren sonst so unbewussten Bewertungs-prozess. Bewertungen kommen zustande durch Fragen, insbesondere durch Vergleichsfragen. Bei dieser besonderen Form der Fragen ist das Ergebnis – wie unschwer zu erraten sein dürfte - ein Vergleich. Wir vergleichen uns beispielsweise mit einem gesunden Menschen und stellen fest, dass es uns, im Gegensatz zu dem vor Gesundheit nur so strotzenden Menschen, echt miserabel geht. Statt jammern, klagen und uns mit einem gesunden Menschen zu vergleichen, könnten wir uns fragen: »Welche Menschen sind jetzt wirklich schlimm dran? Wie viele Menschen haben jetzt gerade ein Körperteil verloren, Krebs diagnostiziert bekommen, einen schweren Unfall erlebt und ringen um ihr Leben? Wie viele Kinder akzeptieren schwerste Krankheiten, während wir uns bei einem banalen Schnupfen schon hängen lassen. Wie gut geht es mir, im Vergleich zu all diesen Men-schen«?

Kannst du erkennen, wie machtvoll die Kunst der cleveren Fragen ist? Wann immer du dich also beschissen fühlst, weißt du: »Ich habe mir beschissene Fragen gestellt«! Super, oder? Jetzt kannst du eingreifen und clevere Fragen stellen. Dieses Spiel treibst du jeweils für mehr als 17 Sekunden, denn dann gesellen sich mehr Fragen und Antworten derselben Qualität dazu.

Unsere innere Kommunikation entscheidet also darüber, was wir über uns und unsere Welt glauben. Fragen bestimmen, was wir uns zutrauen und was nicht, was wir beginnen wollen und was wir uns selbst versagen. In dem Maße, wie du dir deiner mentalen Kommunikation bewusst bist, in dem Maße kannst du eingreifen und deine Emotionen selbst bestimmen. Du kannst in jeder Situation ein Problem oder eine Chance sehen. Mit deinen Fragen und deiner geistig-mentalen Kommunikation bestimmst du deine ganz eigene, subjektive Sichtweise, die im Laufe der Zeit möglicherweise zu einer festen Überzeugung wird. Schauen wir uns also das nächste Steuersystem an:

Glaubenssätze, Überzeugungen und Regelwerke

Dieses Thema wiederhole ich nun nicht, weil ich an Alzheimer erkrankt bin, sondern damit sich der Inhalt ganz tief in deinem Hirn einspeichert. Du weißt ja, wir lernen durch Wiederholungen:

Glaubenssätze und Überzeugungen sind nichts anderes als mentale Vorstellungen, denen wir ein hohes Maß an Wahrheitsgehalt zusprechen. Wir halten etwas für wahr, ohne kritisch zu hinterfragen. Erinnerst du dich noch an das kleine Mädchen, das Daddy ein Bild gemalt hat? Ich habe darüber bereits ausführlich berichtet. Glaubenssätze entstehen durch ständige Wiederholungen, oder durch heftige, emotionale Eindrücke.

Überall in Deutschland jammern die Menschen gerade über die Finanzkrise. Jede Wette, hätten die Menschen keine Zeitungen Fernseher und Radios, kaum einer hätte davon wirklich etwas mitbekommen. Durch die ständigen Meldungen in den Medien werden Überzeugungen geschaffen, die sich dann durch unser kollektives Schwarzmalerdenken auch verwirklichen müssen. Wir glauben doch bedingungslos den ganzen Müll, den uns die Medien auftischen. Nichts wird kritisch hinterfragt; wir haben längst aufgehört, selbstständig zu denken.

So viel Gejammer über die Schweinegrippe, aber die genauen Zahlen recherchiert keiner. Jeden Tag werden mehr Frauen im Genitalbereich verstümmelt, als wie Menschen an der Schweigerippe erkranken. Warum spricht darüber keiner? Weil das für uns zu weit weg ist und uns keine Angst macht. Das ist schlecht für die Kassen, denn Angst und Panik ist noch immer der Kassenknüller der Medien. Und das nennt sich Unterhaltungsindustrie? Ich glaube eher, dass die Medien uns ihre Meinung »unter halten« wollen, und dass man die breite Masse dadurch »unten halten« möchte.

Wir haben mittlerweile so viele Fernseh-Programme, dass wir gar nicht mehr selbständig denken müssen. Für jeden Geschmack lässt sich etwas finden, und so sitzt die Masse der Deutschen meditativ vor dem Fernseher und lässt sich einsuggerieren, wie die Welt so funktioniert. Aber nicht nur das, auch unser Selbstbild wird von unserer Umwelt geprägt. Alles, was du über dich selbst glaubst, sind nur Ideen und Konzepte, die du für wahr hältst, nicht aber die Wahrheit an sich. Die Wahrheit selbst gibt es nicht, es gibt nur Realitäten; aber davon gibt es so viele, wie es Menschen gibt. Erinnerst du dich noch an die vierte mentale Verkehrsregel des Lebens?

- **Die Welt ist, wofür du sie hältst!**

Das gilt natürlich auch für dich. Wenn du glaubst, du wärst ein Loser, dann hast du recht! Wenn du glaubst, du wärst ein toller Sexualpartner, dann hast du recht, denn: »Du erfährst, was du glaubst«! Die ganze Welt ist ein gigantisches Sammelsurium an Glaubenssystemen und jeder Einzelne kocht da sein ganz eigenes Glaubenssüppchen. So etwas wie die Wahrheit gibt es nicht, es gibt nur Glaubenssysteme. Hierbei unterscheiden wir zwischen »einschränkenden« und »förderlichen« Glaubenssystemen. »Ich lerne schlecht und kann mich nur schwer konzentrieren«! - Ist das ein förderlicher Glaubenssatz? Wohl kaum, und wahr ist er schon mal gar nicht! Jeder Mensch lernt schnell und kann sich gut konzentrieren, insofern ihn das Thema begeistert und fasziniert. »Ich lerne leicht und kann mich sehr gut konzentrieren, wenn mich das Thema fasziniert«! - wäre das ein förderlicher Glaubenssatz? Aber ja, und mindestens genauso wahr wie der Erste! Unser Ziel ist es nun, Wege zu finden, um einschränkende Überzeugungen in Förderliche zu verwandeln. Zuvor benötigen wir noch die ein oder andere Erkenntnis, die möglicherweise deine Sicht der Dinge radikal verändern wird. Beantworte dazu bitte die folgenden Fragen:

- Möchtest du erfolgreich sein?
- Möchtest du glücklich sein?
- Möchtest du ein erfülltes Leben führen?
- Möchtest du in Wohlstand leben?
- Möchtest du anerkannt werden?

Hast du dir die Fragen beantwortet? Prima, weiter geht's!

- Was bedeutet »Erfolg« für dich? Was muss geschehen, damit du dich »erfolgreich« fühlst?

- Was bedeutet »glücklich sein« für dich? Was muss geschehen, damit du dich »glücklich« fühlst?
- Was bedeutet »ein erfülltes Leben« für dich? Was muss geschehen, damit du dich »erfüllt« fühlst?
- Was bedeutet »Wohlstand« für dich? Was muss geschehen, damit du dich »wohlhabend« fühlst?
- Was bedeutet »Anerkennung« für dich? Was muss geschehen, damit du dich »anerkannt« fühlst?

Ich stelle diese Fragen sehr gerne in meinen Seminaren und Vorträgen, und jedesmal geschieht dasselbe. Je mehr Menschen ich frage, desto mehr Definitionen bekommen wir zu hören. Jeder Mensch hat somit seine ganz eigene Vorstellung und Definition von Erfolg, Anerkennung, Glück oder einem erfüllten Leben. Für den einen bedeutet Erfolg, viel Geld zu haben, für einen anderen, gesund zu sein und für einen weiteren, sportliche Ziele zu erreichen. Ob Glück, Erfolg, Anerkennung oder Wohlstand, wir alle haben gewisse Regeln festgelegt, die entweder definieren, was Erfolg oder was Misserfolg bedeutet. Tatsächlich gibt es sehr viele Teilnehmer, die mir gar nicht sagen können, was geschehen muss, damit sie sich anerkannt fühlen. Eigenartigerweise wissen aber alle, was geschehen muss, dass sie sich abgelehnt fühlen. Geht es dir vielleicht auch so?

Ich hatte vor einiger Zeit eine Dame im Coaching, die mir ihr Problem schilderte. Sie fühlte sich von ihrem Partner ungeliebt, weshalb sie ihre Beziehung in Gefahr sah. Als ich sie fragte, was denn geschehen muss, damit sie sich geliebt fühlt, oder was auf keinen Fall passieren darf, damit sie sich ungeliebt fühlt, antwortete sie: »Mein Partner muss mir regelmäßig Blumen mitbringen. Er darf mich nicht anschreien und muss mich verstehen. Er sollte mir während des Tages ab und an eine SMS schicken und mich auch mal anrufen. Er muss mir ganz oft sagen, dass er mich liebt und mir jeden Wunsch von den Augen ablesen«! So ging das noch ne ganze Ecke weiter. Die Dame hatte insgesamt 13 Regeln definiert, 6 Regeln woran Sie erkennen kann, dass sie geliebt wird und 7 Regeln die ihr bestätigen, dass ihr Partner sie nicht liebt. Bei diesen Regeln kann man nur verlieren, denn wie sollen wir uns geliebt fühlen, wenn es unmöglich ist, unsere Kriterien dafür zu erfüllen? Ich sagte der Dame, dass sie sich wohl niemals geliebt fühlen wird, wenn sie ihr absurdes Regelwerk nicht ändern würde. Ich versicherte ihr, dass es einen solchen Trottel, wie sie ihn gerne hätte, nicht geben würde. Um ihr das ganze noch bewusster zu machen, drehte ich den Spieß herum und fragte sie, ob sie denn bereit wäre, ihrem Partner gegenüber all diese unerfüllbaren Regeln einzuhalten? Was wäre, wenn ihr Partner sich nur dann geliebt fühlen würde, wenn sie sich ihrem Partner gegenüber an diese selbstaufgestellten Regeln halten würde? Sie antwortete, ohne zu zögern: »Das wäre keine Beziehung, das wäre Knast«! »Ach, und dahin wollen Sie ihren Partner bringen«? – war mein Kommentar? Sie erkannte ihr abartiges Regelwerk und wir kreierten neue Regeln, bei denen Sie auch gewinnen konnte. Hier einige Auszüge ihrer neuen Regeln.

Mein Partner liebt mich, …

- wenn er mich anlächelt.
- wenn er mich unerwartet berührt oder in den Arm nimmt.
- wenn er mich kritisiert, denn dann bin ich ihm ja wichtig.
- wenn wir über die gemeinsam Zukunft sprechen.
- wenn er mir mal im Haushalt zu Hand geht.
- wenn er mir zuhört.
- wenn er mich unterbricht und genauer nachfragt.
- wenn er mit mir ausgeht.

- wenn er mit mir lacht oder weint.
- wenn er mit mir seine Erlebnisse des Tages bespricht.
- wenn er mir seinen Kummer erzählt.
- wenn er mit mir intim wird.
- usw.

Mein Partner liebt mich nicht, …

- wenn er mich schlägt und misshandelt.
- wenn er permanent fremdgeht.
- Wenn er mir sagt, dass er mich nicht mehr liebt.

Meine Klientin hatte nun ganz viele Regeln erstellt, damit sie sich geliebt fühlt, und es gab nur noch ganz wenige solcher Regeln, bei denen sie sich ungeliebt fühlte. Einige Wochen später rief sie mich an und teilte mir mit, dass ihr Partner irgendwie liebevoller geworden sei, obwohl sie ihm nie sagte, dass sie ein solches Coaching besuchte. Der Partner *musste* sich ja geradezu verändern, denn seine Partnerin hatte ihre Eigenschwingung massiv erhöht. Sie fühlte sich auf einmal geliebt und geachtet und es folgte, was ihrer Schwingung entsprach.

Neben unserer mentalen Kommunikation bestimmen unsere selbst aufgestellten Regeln unser Wohlgefühl. Wenn wir keine oder wenige Regeln aufgestellt haben, für Anerkennung, aber jede Menge solche Regeln bezüglich Ablehnung, dann haben wir kein lustiges Leben.

Wenn wir uns abgelehnt fühlen, sobald …

- uns jemand kritisiert
- uns jemand unterbricht

- jemand unsere Meinung nicht teilt und widerspricht
- ein uns nahestehender Mensch unseren Geburtstag vergisst
- wir versetzt werden
- der andere unpünktlich ist
- der zugesagte Rückruf nicht erfolgt
- ein vereinbarter Termin abgesagt wird
- ein Freund mal mit jemanden anderem seine Zeit verbringt
- wir nicht mehr im Mittelpunkt stehen
- nicht genügend Aufmerksamkeit bekommen
- usw.

… dann ist unser Leben mehr als nur steinig und schwer, es gleicht einem Höllentrip. Wer kann denn einem solchen Regelwerk gerecht werden? Unzählige Regeln um sich deprimiert zu fühlen, aber keine oder nur wenige Regeln, um gute Zustände in sich auszulösen. Wir alle besitzen solche Regelwerke und wann immer wir uns schlecht fühlen, wurde eine dieser Negativ-Regeln aktiviert. Das wirklich Dramatische an diesen selbstzerstörerischen Regeln ist, dass wir uns zu häufig in ihnen verfangen und ein Leben führen, das weit unter unseren Möglichkeiten liegt. Wir katapultieren uns permanent in Mangelgefühle und wundern uns dann auch noch, dass Mangel zu unserem stetigen Schatten wird. Denke an den Bumerang-Effekt: »Was von dir ausgeht, kommt zurück und was zu dir zurückkommt, ist von dir ausgegangen«.

Zur Erinnerung:

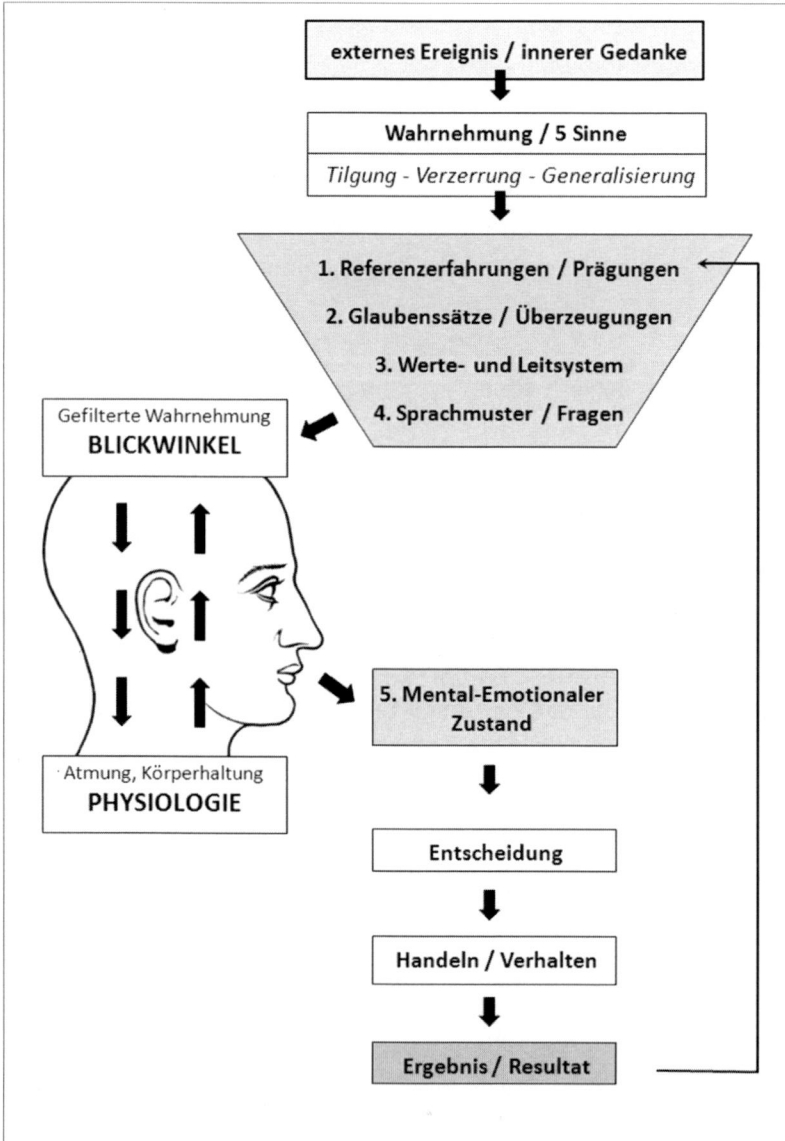

Wenn du erfolgreich sein möchtest, dann musst du Regeln definieren, woran du den Erfolg erkennen kannst. Wenn du glücklich sein willst, benötigst du Regeln, durch die du dein Glück wahrnehmen kannst. Wenn du Wohlstand erreichen möchtest, dann benötigst du klar festgelegte Kriterien für Wohlstand. Wenn du jedoch nur Regeln festgelegt hast die dir deutlich machen, dass du Misserfolg produzierst, Unglück erfährst und in Mangel lebst, dann ziehst du immer noch mehr davon an – so funktioniert das Gesetz der Anziehung. Wenn du dich erst dann erfolgreich fühlst, wenn du 20.000 Euro pro Monat verdienst, dann empfindest du dich bis dahin ja als erfolglos, richtig? Wenn du nun aber Erfolglosigkeit und somit Mangelgefühle aussendest, was muss dann verstärkt zu dir zurückkehren? Richtig, noch mehr Mangel - ist doch eigentlich ganz einfach! Ist dir schon mal aufgefallen, wie viele Menschen mehr Geld verdienen wollen? Solange sich diese Menschen arm und mangelhaft fühlen, kann sie Fülle und Wohlstand nicht erreichen. Das beste Erfolgskonzept und die genialste Geschäftsidee würden bei dieser Schwingung scheitern.

Deine Ergebnisse sind immer die Folge deiner Handlungen. Diese werden jedoch bestimmt durch deine Entscheidungen, welche sich aus deinem mental-emotionalen Zustand ergeben. Dein Zustand resultiert aus deinen Bewertungen, die sich durch deine Steuersysteme „Referenzerfahrungen, Fragen und Sprachmuster, Überzeugungen und Glaubenssätze und Werte" zusammensetzen. Und genau hier müssen wir die Weichen stellen, wenn unser Leben eine andere Qualität bekommen soll. Wir werden auf die Regeln später nochmals zurückkommen, jetzt wollen wir zuerst einmal Glaubenssätze und Überzeugungen in unser mentales Navigationssystem einprogrammieren, denn wenn wir ein Ziel erreichen möchten, dann ist der starke Glaube ein sehr wichtiger Erfolgsfaktor. Wir müssen davon überzeugt sein, unser Ziel auch wirklich erreichen zu können.

ÜBUNG 14:

Glaubenssätze und Überzeugungen verändern

Notiere nachfolgend nochmals deine Ziel-Affirmation.

Spreche deine Ziel-Affirmation laut aus. Werde dann still und lausche auf innere Einwände und schreibe diese auf. (Das schaffe ich ja eh nicht! Der Arbeitsmarkt ist so schlecht! usw.)

Wende nun die EnBa-Methode an, um alle Einwände aufzulösen.

Beispiel: Ich schaffe das nie!

a) **Skala:** Wie groß ist dein Zweifel, es zu schaffen auf einer Skala von 0 bis 10?

b) **Klopfe auf den Korrekturpunkt:** Auch wenn ich glaube, dass ich das niemals schaffe, akzeptiere und achte ich mich voll und ganz.

c) **Alle anderen Punkte:** Ich schaffe das nie!

Führe diese Arbeit mit allen Einwänden solange durch, bis du dich gut fühlst. Gehe erst dann weiter zu Punkt 4.

Verfahre so mit den folgenden Sätzen, bis keine Einwände mehr kommen, wenn du die Sätze laut aussprichst:

- Ich habe die Fähigkeit, [dein Ziel] zu erreichen.
- Ich habe die Willenskraft, [dein Ziel] zu erreichen.
- Ich haben die Bereitschaft, [dein Ziel] zu erreichen.
- Ich verdiene es, [dein Ziel] zu erreichen.
- Ich bin engagiert genug, [dein Ziel] zu erreichen.
- Ich kann glauben, [dein Ziel] zu erreichen.
- Ich erwarte es, [dein Ziel] zu erreichen.
- Ich kann mir vorstellen, [dein Ziel] zu erreichen.
- Ich kann [dein Ziel] Realität werden lassen.

Wenn du auf diese Weise deine Glaubenssätze einprogrammiert hast, dann achte zukünftig nur noch darauf, wenn Zweifel auftauchen und beseitige diese mit Hilfe der EnBa-Methode. Hole dir dann deine Karte mit den Ziel-Fragen aus deinem Geldbeutel und richte deine Aufmerksamkeit wieder auf dein Ziel. Gar nicht so schwer, oder?

Nun müssen wir nur noch unser Wertesystem in Einklang mit unserem Ziel bringen, und schon ist die Vorarbeit erledigt!

Wertesystem

All unsere Handlungen, Reaktionen und Verhaltensmuster funktionieren nach dem einfachen Prinzip, Schmerz zu vermeiden und Freude und Lust zu empfinden. Unsere erste Absicht ist immer, Schmerz zu vermeiden. Erst wenn wir das erreicht haben, folgt der Wunsch Freude zu empfinden. Ob du etwas gerne magst, oder ablehnst - alles baut auf dieses Prinzip auf. Hast du schon einmal mit deinem Partner gestritten? Wenn du nicht gerade erleuchtet bist, ganz bestimmt. Ursächlich war jedoch nicht die unterschiedliche Meinung wie man fälschlicherweise annehmen könnte, vielmehr wollten beide Partner Schmerz vermeiden. Wenn der andere Recht hat, fühlt man sich selbst schwach und unterlegen, also kämpfen wir wie ein wildes Tier um unser Recht; das Gefühl, besiegt zu werden, schmerzt zu sehr. Daher geht es in den allermeisten Streitgesprächen auch nicht um die Sache selbst, sondern nur um »Recht haben wollen«. Unser Selbstwertgefühl ist meist so schwach, dass wir es nicht zulassen können, dem anderen Recht zu geben. Diesen Triumpf können wir dem Anderen unmöglich gönnen, also - auf in den Kampf. Dass dieses Verhalten zu keinem Erfolg führt, versteht unser Reptilien-Gehirn nicht, denn für diesen Gehirnteil geht es gerade ums pure Überleben. Dieses reaktive Verhaltensmuster stammt noch aus der Frühzeit, wo nur der Starke überleben konnte. Wir verhalten uns so, als würde uns gerade ein Säbelzahntiger angreifen, den wir töten müssen, bevor er uns tötet. Auch wenn wir unseren Partner gerne manchmal als wildes Tier betrachten, so ist die Bedrohung doch sehr minimal. Und dennoch reagieren wir so.

Dieses »Schmerz-Freude-Prinzip« haben wir nun über viele Jahre trainiert, dass es uns noch nicht einmal mehr bewusst wird. Auf jede noch so unangenehme Arbeit reagieren wir mit diesem Verhaltensmuster des »Schmerz vermeiden wollen«! Das beginnt bei der Steuererklärung, geht weiter über das Putzen und Aufräumen, bis hin zum Zahnarzt. Überall zeigen wir diese Vermeidungstendenzen. Dass uns dieses Verhalten auch massiv schaden kann, das raffen die meisten nicht.

Da ist ein junger Mann, der sich über sein Singledasein beklagt. Er geht jede Woche in die Disco und hofft darauf, dass endlich so ein weibliches wildes Tier über ihn herfällt. Da dies meist nicht von alleine geschieht, müssen die Herren der Schöpfung etwas nachhelfen und die Raubkatze etwas pieksen. Mann nennt so etwas auch »ansprechen, anquatschen, anlabern, anmachen, mit einem flotten Spruch überraschen, usw.« Und nun passiert folgendes: »Unser Intellekt sinkt auf Reptilien-Niveau ab und wir erleben einen inneren Kampf. Ansprechen und sterben, oder nicht ansprechen, überleben und alleine bleiben? – das ist die Schlüsselfrage, das Zünglein an der Waage. Haben wir nun negative Erfahrungen zu diesem Thema abgespeichert (du erinnerst dich an das Steuersystem „Referenzerfahrungen"?), werden wir das Kätzchen nicht ansprechen. Der mögliche Korb, den wir uns einhandeln, wäre einfach zu schmerzhaft. Wir zeigen Vermeidungstendenzen und flüchten uns in die Zukunft. Vielleicht kommt ja doch mal ein gezähmtes Tier, das mich anspricht!

Ich habe einige Jahre Verkäufer im Außendienst trainiert und festgestellt, dass bei den meisten das Verkaufen selbst nie so wirklich das Problem war. Sehr viel schwieriger gestaltete sich die telefonische Terminvereinbarung mit dem Kunden – auch Akquise genannt. Die Verkäufer empfanden sich am Telefon dem Kunden gegenüber hilflos ausgeliefert, denn dieser könnte den Verkäufer beleidigen, das Gespräch beenden und dem Anrufer das Gefühl geben, minderwertig zu sein. Verkäufer mit Telefonangst nehmen solche Ablehnungen sehr persönlich, und nicht selten gerät ein solcher Typ in den Ruin, nur weil er seine Angst vor Ablehnung nicht meistern kann. Er vermeidet genau den Teil seiner Arbeit, der sein Einkommen bestimmt. Ohne Termine keine Verkaufsgespräche, ohne Verkaufsgespräche keine Abschlüsse und ohne Abschlüsse keine Kohle. Und das alles nur, weil wir abgelehnt werden könnten?

Wenn du Erfolg möchtest – was auch immer das für dich bedeutet – du aber gleichzeitig Angst vor Misserfolg hast, dann wird diese Angst alles tun, damit du erst gar nicht in Handlung kommst. Zu groß wäre der Schmerz bei einem etwaigen Misserfolg. Auf unbewusster Ebene wirst du all die Aktionen hinausschieben die nötig wären, um Erfolg zu haben. Auch hier erkennen wir dieses vernichtende Selbstsabotage-Programm meist nicht. Wir können niemals erfolgreich sein, ohne auch Misserfolg zu erfahren. Der Weg zum Erfolg ist durch Fehlschläge gepflastert. Ist denn ein Kind, das gerade zu laufen beginnt und immer wieder auf seinen Pampers-Hintern fällt ein Loser? Ein Versager? Natürlich nicht, wir ermutigen das Kind es nochmals und nochmals zu versuchen, bis es klappt. Wieso zum Teufel nochmal wenden wir die gleiche Methode nicht bei uns selbst an? Wieso ermutigen wir uns selbst nicht zum weitermachen? Hier zwei meiner Definitionen:

1. Misserfolge sind nur Zwischenschritte auf dem Weg zum Erfolg!
2. Versagen bedeutet nichts anderes, als vorzeitiges aufgeben und mangelhaftes Durchhaltevermögen.

Nach meiner Definition gibt es keine Versager, sondern nur Menschen, die sich selbst den Erfolg, das Glück und andere schöne Dinge selbst versagen, indem sie einfach die Flügel strecken und feige aufgeben. Sich selbst dann als Versager zu bezeichnen im herkömmlichen Sinne, ist absoluter Bullshit. Ein Mensch der aufgibt hat lediglich die Entscheidung getroffen, sein

Ziel nicht weiter zu verfolgen. Es war wohl einfach nicht interessant genug – das ist alles! Wir haben also noch nie versagt, wir haben lediglich eine neue Entscheidung getroffen. Wir hatten auch noch nie Misserfolge, sondern nur Zwischenschritte auf unserem Erfolgsweg erlebt.

Na, fühlt sich das nicht großartig an? Wir sind immer Gewinner, denn wenn wir aufgeben, dann gewinnen wir zumindest Freude. Der Schmerz der Anstrengung verliert sich und wir könnten Erleichterung und Heiterkeit verspüren durch unsere neu getroffene Entscheidung. Was aber tun wir? Wir kasteien uns selbst und reden uns ein, ein Verlierer zu sein. Ist das nicht ein Wahnsinn? Nur weil wir nicht bereit sind, den geforderten Preis für den Erfolg zu bezahlen? Wer schwimmen möchte, muss ins Wasser gehen. Ist das Wasser zu kalt und bereitet uns Schmerz, so ist es okay nicht rein zu gehen. Aber dann auch noch zu jammern, weil wir jetzt nicht schwimmen können, ist schon sehr, sehr krank.

Wir versuchen also ständig Schmerz zu vermeiden und sind blind für die Tatsache, dass dadurch erst recht Schmerz entsteht. Natürlich gewinnen wir kurzfristig Freude, die aber kann nicht anhalten. Wenn du deine Steuererklärung machen musst und die Arbeit aufschiebst bis zum geht nicht mehr, dann ist das nur eine kurzweilige Freude. Irgendwann müssen wir handeln, spätestens nach der Androhung von Zwangsgeld. Und was passiert dann? Nun ist der Schmerz *nicht* zu handeln größer, als der Schmerz, die Steuererklärung fertig zu machen. Jetzt werden wir aktiv! Und was machen wir mit diesem Wissen? Nichts! Dabei wäre alles so einfach. Wir müssten nur einen Weg finden, wie uns »Aufgeben« und »Passivität« mehr Schmerz bereitet, als die unangenehme Aufgabe selbst. Das was du vermeiden möchtest, muss dir so viel Schmerz bereiten, dass dir das Erledigen dieser Aufgabe als pure

Freude erscheint. Stell dir einmal vor, du möchtest mit dem Rauchen aufhören und du erhältst eine Übung, mit der du dein Vorhaben auch erfolgreich meistern kannst. Das Problem ist:»du musst die Übung auch praktizieren«! Nicht selten zeigen wir genau dann heftige Vermeidungstendenzen. Wenn du dich jetzt dazu verpflichtest, jedes Mal eine Dose Hundefutter vor deinen Freunden zu essen, wenn diese dich bei Rauchen erwischen oder Zigaretten bei dir finden, dann wäre der Schmerz eine Zigarette anzuzünden, sicherlich sehr groß. Ganz bestimmt würdest du dann deine Übung durchführen, um endlich von dieser Last loszukommen. Der Ekel vor dem Hundefutter würde dich zum Erfolg führen. (Manche benötigen noch massivere Hebelwirkungen☺.)

Bei der »Schmerzkörper-Aktivierung« habe ich eine Übung aufgezeigt, die dich dabei unterstützt, den Schmerz größer zu machen, so dass du leichter ins Handeln kommen kannst. Wenn dir dein Vorhaben jedoch nicht wichtig genug ist, wirst du auch diese Übung auslassen. Daher wollen wir uns nun mit deinem Wertesystem befassen.

Werte sind nichts anderes als Gefühle und Emotionen, die dein Verhalten steuern und auf das Prinzip von Schmerz und Freude aufbauen.

Wenn ich dich jetzt bitten würde, nach Italien zu fahren um mir einen leckeren italienischen Schinken zu besorgen, würdest du das sicher nicht tun, denn für dich wäre diese Aktion nur mit emotionalen Schmerzen verbunden. Würde ich dir dazu aber einen Ferrari und 1.000 Euro Spesen zur Verfügung stellen, wäre die Anstrengung möglicherweise wie weggeflogen. Das was zuvor Schmerz bereitet hat, wäre nun Freude pur (natürlich nur, wenn du Spaß an solchen Spielsachen hast). Du ordnest der Fahrt nach

Italien einen positiven Wert zu, da die Aktion für dich mit Fun und Spaß verbunden ist. Ohne den Ferrari und Spesenkonto wäre diese Fahrt für dich sinnlos und nur mit Stress verbunden, außer du wolltest dir sowieso gerade ein paar Tage Urlaub in Italien gönnen. ☺

Werte, die wir vermeiden wollen nennen wir »Weg von – Werte«, da wir uns von Ihnen wegbewegen wollen. Die Werte die wir mit Freude verbinden, nennen wir »Hin zu – Werte«, da wir uns auf diese zubewegen wollen

ÜBUNG 15:

Werte-Clearing: Was ist mir wirklich wichtig im Leben?

1. Notiere während der nächsten Minuten alles, was dir im Leben wichtig ist. Was magst du besonders? Wohin würdest du gerne verreisen? Was macht dir Freude? Wie möchtest du gerne deine Zeit verbringen? Was mach dich glücklich?

1. Betrachte dir nun deine notierten Notizen zu Punkt 1 und frage dich bei jedem einzelnen Punkt: „Was möchte ich dadurch für mich erreichen? Welches Gefühl gibt mir das?"

Angenommen, Familie wäre für dich ein sehr wichtiger Wert. Frage dich also, was dir deine Familie gibt. Was möchtest du für dich erreichen, durch deine Familie? Welches Gefühl gibt dir deine Familie? Möglicherweise tauchen dann Antworten auf, wie „Sicherheit, Anerkennung, Schutz, o.ä. Diese Gefühle sind dann deine wahren Leitgefühle.

2. Notiere während der nächsten Minuten alles was du nicht magst. Was lehnst du ab? Wovor hast du Angst? Was bereitet dir Unwohlsein oder gar Unlust? Was vermeidest du so gut du kannst? Was bereitet dir emotionalen Schmerz?

3. Betrachte dir nun deine Notizen zu Punkt 3 und frage dich bei jedem einzelnen Punkt: „Was möchte ich mir dadurch ersparen? Was ist die Angst dahinter? Was bedeutet das für mich?

Wenn jemand Angst hat, vor großen Gruppen zu sprechen, dann stellt sich die Frage: „Was möchte ich mir dadurch ersparen, welche Angst versteckt sich im Hintergrund?" Angst vor Blamage? Was ist noch tiefer? Nun kann es sein, dass deine tatsächlich Angst darin besteht, ausgelacht oder abgelehnt zu werden. Das wären dann deine wirklichen Negativ-Werte.

**4. Erstelle nun eine Liste mit deinen 10 stärksten »Weg von
...« und »Hin zu ...« Werten.**

Achte darauf, dass die Werte so notiert werden, dass die jeweilig
stärksten ganz oben stehen und die schwächsten ganz unten. Nutze
dazu deine farbigen Kartei-Karten, die du dann hin und her
schieben kannst, bis du deine Werte in die richtige Reihenfolge
gebracht hast. Wenn dein größter „Weg von – Wert" die Angst vor
Ablehnung wäre, dann steht die ganz oben. Ist Liebe dein größter
„Hin zu – Wert, steht diese in der anderen Spalte ganz oben.

Top-10 der »Hin zu-Werte« ☺	Top-10 der »Weg von -Werte« ☹
1.	1.
2.	2.
3.	3.
4.	4.
5.	5.
6.	6.
7.	7.
8.	8.
9.	9.
10.	10.

Nun hast du eine Übersicht deiner stärksten Werte. Du siehst nun ganz genau, was dir wirklich wichtig ist und was dich von deinem Glück oder Erfolg abhält, worauf du dich zu bewegen, und was du eher vermeiden möchtest.

Ordne deine Werte nach Wichtigkeit

Nun überprüfe einmal, ob deine »Hin zu – Werte« mit deinen Zielen in Einklang stehen. Wenn du dir zum Ziel gesetzt hast, dein Gewicht zu reduzieren, dann frage dich: »Weshalb möchte ich dieses Ziel erreichen? Was gibt es mir«? Wenn die Antwort lautet: »Ich möchte anerkannt werden«! - dann sollte »Anerkennung«

auch ganz oben in deiner Liste stehen. Wenn du dein Gewicht reduzieren möchtest um »gesund« zu sein, dann sollte »Gesundheit« ganz oben stehen. Steht z.B. Genuss über dem Wert Gesundheit, dann wirst du auf deine Ernährung und somit auf deine Gesundheit pfeifen, sobald es etwas Leckeres zu Essen gibt. Und wenn der Wecker morgens bimmelt, weil du Joggen gehen möchtest, dann wirst du diesen mit einem Handkantenschlag zum schwiegen bringen wie ich, schließlich möchtest du deine Ruhephase noch etwas »genießen«. Die Reihenfolge deiner Werte ist absolut ausschlaggebend für deinen Erfolg. Wenn es jemand nicht schafft, abzunehmen oder mit dem Rauchen aufzuhören, dann stimmen die Werte nicht mit den Zielen überein. Es gibt immer etwas, was wichtiger und werthaltiger ist, und über dem angestrebten Vorhaben steht. Spitzenleistungen sind nur dann möglich, wenn dein Ziel auch gleichzeitig dein wichtigster Wert darstellt.

Wie man Werte und Ziele unter einen Hut bringt

Was aber tun, wenn dein Ziel nicht mit deinen stärksten Werten übereinstimmt? Ganz einfach! Pfeife auf dein Ziel, oder ändere dein Wertesystem. Solltest du das Verändern deines Wertesystems bevorzugen, so ist folgendes zu tun:

1. Notiere dir deine wichtigsten Werte in deinen Notizblock.
2. Mache dir mit Hilfe der Schmerkörper-Aktivierung bewusst, welche Konsequenzen es hat, wenn du diesen Wert nicht ganz an oberste Stelle setzt.
3. Treffe dann die Entscheidung, den Wert an die oberste Stelle zu setzen.

Das ist alles? So einfach soll das sein? Ja, absolut! Lass mich das anhand einer Geschichte verdeutlichen. Ich war knapp 23 Jahre alt, als es mir gelang, ein Date mit einem Mädchen zu bekommen, nachdem ich seit Wochen meine Netze ausgeworfen hatte. Endlich war es soweit, wir waren zu einem romantischen Essen verabredet. Ich sah aus wie aus dem Ei gepellt. Die Haare gepflegt, den Nacken ausrasiert, die Schuhe auf Hochglanz poliert, einen guten Duft drauf und das Auto frisch gewaschen und gesaugt. Ich holte meine Herzdame zu Hause ab, öffnete ihr die Wagentür und half ihr beim einsteigen. Ganz gentleman-like führte ich diese süße Maus in das Restaurant. Wir ließen uns von dem Kellner an den Tisch geleiten, wo ich dann den Wein auswählte. Normalerweise mochte ich gar kein Wein, ein Bier wäre mir viel lieber gewesen. Wäre aber total uncool gewesen und absoluter Stilbruch. Also schlürften wir den doch ganz leckeren Wein, verspeisten Dinge, die ich noch nicht einmal aussprechen konnte und meine Tischmanieren waren, als wäre ich direkt von einem Knigge-Seminar gekommen. Und man mag es kaum glauben, die junge Frau war total beeindruckt. Nachdem wir einige Zeit zusammen waren und ich mein Ziel erreicht hatte, aktivierte ich wieder mein altes Wertesystem, denn die bisherigen Anstrengungen erschienen ja nicht mehr nötig. Meine Essmanieren fielen wieder auf Normalniveau, ein guter Italiener zu essen reichte auch aus und ich trank bei Essen auch hin und wieder mal ein Bierchen. Einige Zeit ging das auch gut, bis wir uns trennten. Sie wollte den Supertypen aus dem Restaurant zurück, doch dieser war irgendwie auf der Strecke geblieben. ☺

Meine Geschichte sollte nur aufzeigen, dass wir alle unsere Werte ständig ändern. Mal nur kurze Zeit, mal etwas länger, manche Werte verändern wir auch dauerhaft. Hast du heute etwa die gleichen Werte, wie vor zehn Jahren? Wohl kaum! Natürlich bleiben die wichtigsten Grundwerte immer dieselben, alle anderen sind jederzeit veränderbar – und das sollten wir zu unserem Vorteil nutzen.

Du kennst nun deine »Hin zu – Werte«, du weißt, wie du diese in Übereinstimmung mit deinen Zielen bringen kannst und du kannst deine Werte ändern, wann immer es ein Ziel erfordert. Betrachten wir uns nun deine »Weg von – Werte«. Diese Negativwerte sind wahre Erfolgsbremsen. Sie reden dir ständig ein, dass du gewisse Dinge niemals tun darfst, weil du dich dann schlecht fühlen könntest. Diese Angstgefühle behindern unseren Lebenserfolg und unser Lebensglück beträchtlich. Grund genug, diese aufzulösen. Mit Hilfe der EnBa-Methode bist du in der Lage, nahezu jede negative Emotion zu eliminieren. Wann immer du mit einem Negativgefühl konfrontiert wirst, klopfe! Wenn du Angst hast, klopfe! Wenn du etwas vermeiden möchtest, klopfe! Wenn du Zweifel hast, klopfe! Du wirst sehen, mit jedem Tag wo du deine Ängste und Aversionswerte beklopfst, wirst du stärker, selbstbewusster und glücklicher. Du wirst nach einigen Monaten eine emotionale Freiheit erleben, von der du jetzt noch nicht einmal zu träumen wagen würdest.

Nachdem du dein Wertesystem auch auf Erfolgskurs programmiert hast, kümmern wir uns zuletzt noch um deinen mental-emotionalen Zustand.

Dein mental-emotionaler Zustand entscheidet

Wir alle erleben ständig die unterschiedlichsten emotionalen Zustände. Manche fühlen sich wunderbar an, andere wiederum erleben wir als schlecht und zerstörerisch. Die nachfolgende Emotionale-Feedback-Skala zeigt unsere unterschiedlichen Schwingungsebenen an. Die Ebenen wurden in drei Bereiche unterteilt.

Ebene 1: Die Ebene der Schöpfung
Ebene 2: Die Ebene der Frustration
Ebene 3: Die Ebene der Zerstörung

Schau die nun einmal die Abbildung an und erinnere dich an die 1. mentale Verkehrsregel des Lebens:»Alles was heute existiert, war irgendwann einmal nur ein Gedanke, wurde aber erschaffen durch Emotionen«! Es sind deine Emotionen, durch die du dir dein Leben erschaffst. Dein oberstes Ziel sollte daher sein, alle dir zur Verfügung stehenden Mittel und Methoden zu nutzen, um auf dieser obersten Ebene zu schwingen. Alle darunterliegenden Emotionen sind nur Samenkörner für Umstände, die dir das Leben erschweren werden. Mit Hilfe der Emotionalen Feedback-Skala kannst du jederzeit überprüfen, wo du dich aktuell emotional befindest. Ist dir dein momentaner emotionaler Zustand bewusst, benötigst du noch Werkezuge, um deine Schwingung zu erhöhen, solltest du dich nicht mehr auf der ersten Schwingungsebene befinden. Das ist deshalb so wichtig, weil du jedesmal, wenn du dich in den unteren beiden Ebenen verfangen hast, Lebensumstände verursachst, die du später beklagst. Deine Hauptfrage im Leben sollte daher ab sofort sein:»Wie fühle ich mich jetzt gerade«?
Prüfe daher, wo du dich auf der Emotions-Skala befindest. Bist du eher im ersten Schwingungsfeld, im mittleren Bereich, oder im untersten Sektor? Werde dann präziser, und bestimme deinen emotionalen Level so genau wie möglich. Nur wenn du auch weißt wie du dich fühlst, kannst du deine Schwingung verändern.

Hohe Schwingung – Schöpferbewusstsein
Erfolg – Magnet für Liebe, Glück und Wohlstand

Ebene der Schöpfung	1	Liebe - Glückseligkeit - Macht - Freiheit - Dankbarkeit -
	2	Wertschätzung - Ekstase
	3	Freude - Leidenschaft - Enthusiasmus - Passion
	4	Begeisterung - Hingabe – Glücklich sein
	5	Positive Erwartung - Glaube
	6	Optimismus - Geduld
	7	Hoffnung - Zuversicht - Zufriedenheit
Ebene der Frustration	8	Langeweile
	9	Pessimismus
	10	Frustration - Irritation - Ungeduld
	11	Selbstmitleid - Überforderung
	12	Enttäuschung - Erwartung an andere
	13	Zweifel
	14	Sorge - Besorgnis
Ebene der Zerstörung	15	Vorwürfe - Schuldzuweisungen
	16	Entmutigung - Tadel
	17	Ärger - Tadel
	18	Hass - rasender Zorn -Wut - übersteigerte Aggression
	19	Neid - Missgunst - Eifersucht - Scham
	20	Unsicherheit - Schuldgefühle - Minderwertigkeitsgefühle
	21	Furcht/Angst - Trauer - Depression - Verzweiflung - Ohnmacht - Selbstzerstörung

Misserfolg – Magnet für Pech und Unglücklich sein
niedere Schwingung – Opferbewusstsein

Je häufiger du dich in den Emotions-Levels 1 bis 7 befindest, desto schöner, leichter und müheloser wird dein Leben. Je tiefer du schwingst und je länger du dich auf dieser vernichtenden Schwingung bewegst, desto problematischer gestaltet sich dein Dasein. Schau dir jetzt noch einmal die »Übung 2 auf Seite 19« an, dort findest du den Beweis für meine Behauptung – insofern du diese kritisch und ehrlich durchgeführt hast!

(Wir reden uns unsere Zustände ja oft schöner, als sie tatsächlich sind. Diese Form der Selbsttäuschung hat jedoch desaströse Folgen: wir befinden uns auf einer niedrigen Schwingung, tun jedoch so, als wären wir auf der obersten Ebene. Das Universum lässt sich da jedoch nicht täuschen, was dann durch unsere Lebensumstände sichtbar wird. Sie sind ein zuverlässiger Indikator für unsere tatsächlichen Schwingungen.)

Wie man seine Eigenschwingung erhöht

Ich habe dir vorher eine Frage an die Hand gegeben, die du dir täglich so oft wie möglich stellen solltest: **»Wie fühle ich mich jetzt gerade«?**

Nur wenn dir dein emotionales Schwingungsfeld, deine derzeitige Resonanz bewusst ist, kannst du deine Frequenz erhöhen. Die Frage lässt dich erkennen, ob du gerade Probleme oder Chancen und Möglichkeiten anziehst, Mangel oder Fülle, Krankheit oder Gesundheit. Beginne bereits mit dem Aufwachen, dir diese Frage zu stellen und starte erst dann in den Tag, wenn du deine Schwingung auf die erste Ebene erhoben hast. Du benötigst ein Resonanzfeld des Glücks, der Dankbarkeit, der Zuversicht, der

Freude und Begeisterung, wenn dein Tag gut werden soll. Du hast es selbst in der Hand, denn das Werkzeug, um deine Schwingung zu erhöhen, hast du in diesem Buch bereits gelernt: »Die Macht der mentalen Kommunikation«!

Durch bewusstes mentales Fragen lenkst du deine Aufmerksamkeit gezielt in die von dir gewünschte Richtung. Wo du mit deiner Aufmerksamkeit bist, da fließt auch die Energie der Verwirklichung hin. Gelingt es dir, deine Aufmerksamkeit mehr als 17 Sekunden auf eine positive Frage, oder eine positive Antwort zu richten, so gesellen sich weitere, positive Fragen, Gedanken und Antworten dazu. Auf diese Weise kannst du jederzeit deine Schwingungsfrequenz erhöhen; du wirst zum bewussten Schöpfer und führst ein selbstbestimmtest Leben.

Machfolgend findest du nochmals einige Fragen, die deine Frequenz erhöhen. Bitte mach die Übung auf der nächsten Seit mit, denn ich kenn die Fragen ja schon, okay? ☺

ÜBUNG 16:

Die Macht der »Powerfragen«

Jede der folgenden Fragen biete ich dir in zwei Versionen und das aus gutem Grund: manchmal fühlen wir uns so destruktiv, dass alleine die Frage selbst provokativ wirkt. Wir sehen überall Probleme und sollen nun dankbar sein? Das kann auch mal als zynisch empfunden werden. Die zweite Frage sagt daher nicht, du sollst dankbar sein. Sie fragt nur, wofür du dankbar sein könntest, wenn du nur wolltest? Die Wirkung ist definitiv eine andere, kannst du das spüren? Lass dir bei den Antworten Zeit und höre erst dann auf, wenn du zu jeder Frage mindestens drei Antworten gefunden hast. Überprüfe anschließend, wie du dich fühlst!

Was macht mich im Moment zufrieden?
Weshalb oder worüber könnte ich jetzt zufrieden sein, wenn ich nur wollte?

Was gibt mir im Moment Hoffnung?
Was könnte in mir Hoffnung und Zuversicht wecken, wenn ich nur wollte?

Weshalb habe ich allen Grund zum Optimismus?
Weshalb könnte ich optimistisch sein, wenn ich nur wollte?

Weshalb könnte ich jetzt begeistert sein?
Weshalb könnte ich jetzt begeistert sein, wenn ich nur wollte?

Weshalb könnte ich jetzt glücklich sein?
Weshalb könnte ich jetzt glücklich sein, wenn ich nur wollte?

Worüber könnte ich mich jetzt freuen?
Worüber könnte ich mich jetzt freuen, wenn ich nur wollte?

Wo erfahre ich derzeit Freiheit?
Wo könnte ich mich frei fühlen, wenn ich nur wollte?

Wo fühle ich mich machtvoll?
Wo könnte ich mich machtvoll fühlen, wenn ich nur wollte?

Was kann ich jetzt wertschätzen?
Was könnte ich jetzt wertschätzen, wenn ich nur wollte?

Wofür bin ich jetzt gerade dankbar?
Wofür könnte ich dankbar sein, wenn ich nur wollte?

Falls es dir schwer fällt, die Fragen zu beantworten, so denke größer. Weshalb könnte ich jetzt glücklich sein, wenn ich wollte:

- Ich habe einen weitgehend gesunden Körper.
- Ich kann sehen, hören, fühlen, riechen und schmecken.
- Meine Organe funktionieren perfekt und machen einen super Job.
- Ich habe gute Freunde.
- Ich habe ein Dach über dem Kopf.
- Ich habe jeden Tag zu essen, zu trinken und ausreichend Wärme, und somit bin ich reicher als 75% der Weltbevölkerung.
- Ich habe die Macht, Entscheidungen zu treffen.
- Ich kann hingehen, wohin ich möchte.
- Ich kann mich an der Natur, dem Leben erfreuen.
- Ich kann mich entscheiden, jetzt für einen Moment total happy zu sein, unabhängig von den Umständen.
- Ich habe ein Auto, das mich von einem Punkt zum anderen bringt.
- Ich habe Kleidung und muss nicht frieren.
- Ich kann überall hingehen, ohne um mein Leben fürchten zu müssen.
- Wenn ich mein Leben betrachte, und das der ganzen Weltbevölkerung, dann hätte ich gute Gründe, vor Glück zu schreien.

Wir glauben immer, dass uns ein schöner Körper, viel Freunde und ein Batzen Geld glücklich machen würde. Komisch ist das schon, denn bei den Promis dieser Welt scheint da etwas mächtig schief zu laufen. Die dröhnen sich mit Drogen und Alkohol voll, weil sie alles andere als glücklich sind. Mit Geld, Berühmtheit, Ansehen oder Anerkennung kann Glück daher ja wohl nicht viel zu tun haben, denn das haben die Filmsternchen und Popfuzzis doch zuhauf. Glück ist eine Frage des Vergleichens. Mit wem oder was vergleiche ich mich – und da haben wir alle immer selbst die »Freiheit der Wahl«.

Im Notfall: Klopf dir einfach gegen das Köpfchen

Und wenn du dich mal so richtig deprimiert fühlst, dann nutze die EnBa-Methode, um dich wieder klar zu bekommen. Einfach ein wenig deine Meridiane stimulieren und schon kannst du wieder Bäume rausreißen.

Ist dir eigentlich klar, dass du mit dem Lesen dieses Buches sämtliche Ausreden für klagen und jammern verloren hast? Ab heute kennst du Mittel und Wege, dich aus nahezu allen emotionalen Tiefs zu befreien. Du kannst deine Schwingung erhöhen und dein Leben selbstbestimmt führen. Ob du das tun möchtest, liegt natürlich alleine in deiner Hand. In jedem Fall aber hast du die Macht und Freiheit, darüber zu entscheiden, ob du leiden willst, oder ob du den Weg der Freude einschlagen möchtest.

Du hast jetzt alle fünf Steuersystem deines mentalen Navigations-systems kennengelernt und weißt, wie man diese so programmiert, dass du dein Ziel stets sicher und zuverlässig erreichen kannst. Du hast deine aktuelle Position lokalisiert und kennst deine Ziele. Nun geht es nur noch darum, dieses Ziel in dein mentales Navigations-system einzuprogrammieren und schon kann die Ziel-Fahrt losgehen.

Schritt 4: Zieleprogrammierung durch kre-aktives Denken

Die Programmierung deiner Ziele ist nun der letzte und entscheidende Schritt bei der Neuprogrammierung deines mentalen Navigationssystems. Die Programmierung erfolgt in zwei Phasen

Den richtigen mentalen Zustand erzeugen

Alle mentalen Techniken bauen auf dem Bewusstseinszustand auf, der durch eine ganz bestimmte Entspannungstiefe gekennzeichnet ist, dem »Alpha-Zustand«. Diese Ebene der Entspannung ist die Grundvoraussetzung für das bewusste Erschaffen deiner Realität. Alpha, das ist eine verlangsamte Gehirnwellenfrequenz, in der wir besonders offen sind, in der wir besonders leicht Neues lernen und uns an Altes erinnern. Es ist ein Zustand in dem alles okay ist, in dem wir weder beurteilen noch kritisieren; ein Zustand, in dem wir nicht analysieren, sondern integrieren und erschaffen. Im Alpha-Zustand sind beide Gehirnhälften aktiv und miteinander synchronisiert. Und da wir beide Gehirnhälften bei der Programmierung benötigen, ist dieser Zustand so wichtig. Alpha ist ein Zustand zwischen Schlaf und Wachbewusstsein. Wir nehmen die Geschehnisse um uns herum wahr, beurteilen und analysieren diese aber nicht, sondern integrieren und nehmen die Informationen in uns auf. Dies erleben wir z.B. wenn wir »Dösen«, wir sind »ganz da«, wir schlafen nicht und wir können jedes Geräusch wahrnehmen, aber der Kopf ist angenehm leer und wir fühlen uns entspannt. Das erleben wir teilweise unbewusst, wenn wir Tagträumen.

Wie unser Gehirn schwingt

Unser Gehirn durchläuft während eines Tages (24 Stunden) die verschiedensten Schwingungs-Frequenzen:

● **Betawellen = Beta-Zustand**

Im Beta-Zustand befindest Du Dich im wachen, aktiven Zustand. In diesem Wachbewusstsein werden zwischen 30 und 13 HZ (Gehirnimpulse) pro Sekunden gemessen.

● **Alphawellen = Alpha-Zustand**

Im Alpha-Zustand verlangsamen sich diese Gehirnimpulse um die Hälfte auf 13 bis 6 HZ (Gehirnimpulse) pro Sekunde. In diesem Zustand sind weder Sorgen noch Ängste, Probleme oder Bewertungen möglich. Wir sind wesentlich lernfähiger und können mit Hilfe unseres Unterbewusstseins unsere eigene Realität gestalten. Auf dieser Ebene sind wir der bewusste Schöpfer und Architekt unseres Lebens.

● **Thetawellen = Theta-Zustand**

Im Theta-Zustand verringert sich die Gehirnaktivität nochmals um ca. die Hälfte auf 6 bis 3,5 HZ (Gehirnimpulse) pro Sekunde. Dieser Zustand ist vergleichbar mit einem leichten Schlaf, denn wir täglich erleben.

● **Deltawellen = Delta-Zustand**

Im Delta-Zustand reduziert sich unsere Gehirnaktivität noch einmal auf 3,5 bis 1,5 HZ (Gehirnimpulse) pro Sekunde, das entspricht der nächtlichen Tiefschlafphase.

Und wie komme ich nun in diesen Super-Zustand?

Das ist sehr einfach. Mach es dir irgendwo ganz bequem und sorge dafür, dass du nicht gestört wirst. Schließe dann deine Augen und richte deine geschlossen Augen leicht im Winkel von etwa zwanzig Grad nach oben. Diese Augenstellung hilft, leichter zu Visualisieren. Achte darauf, dass deine Wirbelsäule gerade ist und lege deine Hände einfach in deinen Schoß. Richte dann deine Aufmerksamkeit auf deinen Atem. Beobachte einfach, wie dein Atem kommt und geht, ohne ihn willentlich zu verändern. Zähle dann zwanzig Atemzüge rückwärts, bis du bei Null angekommen bist. Nach mehrmaliger Wiederholung fällt es dir immer leichter, diesen Zustand zu erreichen.

Mentales Training / Kre-aktives Denken

Wenn wir nun den Alphazustand erreicht haben, stellen wir uns vor, wie wir einen Raum betreten, in dem wir einen sehr bequemen Sessel vorfinden. Dieser Sessel hat ganz viele Knöpfe, mit denen wir unsere Umgebung so gestalten können, wie es uns angenehm ist. Vor uns lassen wir dann eine große Kinoleinwand erscheinen, auf der später unser Zielfilm ablaufen wird. Stell dir also vor, wie du es dir auf deinem Sessel bequem gemacht hast, die Leinwand erscheint und wie du mit deinen Knöpfen am Sessel dem Raum die richtige Helligkeit oder Dunkelheit gibst. Schau dann nach vorne auf die Leinwand und sehe dort – wie in einem Kino – deinen Zielfilm (so, wie du es in deinem Drehbuch geschrieben hast). Nimm alle Details wahr, bis der Film zu Ende ist. Jetzt hast du dein Ziel kreiert.

Werde nun vom Zuschauer zum Hauptdarsteller und steige in den Film ein. Erleb dich selbst am Ziel, so als wäre es jetzt. Sehe, was zu sehen ist. Höre, was zu hören ist. Nimm wahr, was zu riechen oder zu schmecken ist und tauche ganz ein in das Gefühl, das Ziel *jetzt* erreicht zu haben. Spüre mit jeder Zelle deines Körpers, wie du *jetzt* am Ziel bist und nimm wahr, wie glücklich und erfüllt du bist. Dein Ziel wird aktiviert durch dein Wohlgefühl das du empfindest, während du mental am Ziel angekommen bist. Lass dich also durchdringen und erfüllen von dem Gefühl, es endlich geschafft zu haben und spüre dann tiefe Dankbarkeit in dir; Dankbarkeit, dass dieses Ziel jetzt Realität *geworden ist*.

Steige dann wieder aus dem Film aus und werde wieder zum Zuschauer. Bleibe in dem Gefühl der Dankbarkeit und betrachte noch einige Augenblicke dich selbst auf der Leinwand, wie du dein Ziel erreicht hast. Löse dich dann behutsam aus der Situation, zähle mental von eins auf fünf und werde dabei immer wacher und frischer. Öffne anschließend deine Augen und widme dich wieder deinem Tagesgeschäft.

● **Noch ein wichtiger Hinweis:**

Viele Menschen glauben, sie könnten keine inneren Bilder sehen. Das ist natürlich total falsch, jeder kann Bilder sehen. Wenn du mir jetzt eine Zitrone, deine Wohnung oder dein Auto beschreiben kannst, dann siehst du bereits innere Bilder. Vergiss also nicht, dass diese inneren Bilder nicht so aussehen müssen, wie das was du im Außen wahrnimmst. Manchmal ist es auch nur so ein Gefühl, zu wissen was gemeint ist. Das reicht schon aus, du kannst also nichts falsch machen. Im Laufe der Zeit werden deine Bilder klarer und deutlicher, ganz von selbst – fast wie in deinen Träumen.

Was du zusätzlich noch tun kannst, um dein Ziel zu erreichen

Wenn du möchtest, dass sich dein Ziel noch schneller manifestiert, sprich deine Zielaffirmation so oft wie möglich während des Tages laut und kraftvoll aus und sorge dafür, dass du dich dabei gut fühlst. Leider ist das oft nicht ganz so einfach, denn wenn wir die Affirmation aussprechen: »Ich bin schlank und wiege 85 Kilo«! -während ich 120 Kilo wiege, dann kommt es uns so vor, als würden wir uns selbst verarschen. Das wäre natürlich fatal, denn nicht das Gesagte ist entscheidend, sondern das, was wir fühlen. Wir müssen also einen Weg finden, dasselbe zu sagen und dabei das Gefühl zu verspüren, es wäre die Wahrheit. Wie aber soll das gehen, schließlich ist es ja nicht die Wahrheit!

● **Hier ist die Lösung:**

Ich beschreibe nachfolgend genau die Affirmationen, die ich selbst eingesetzt habe um mein Gewicht zu reduzieren und die Teil meines Konzeptes war. Ach ja, ich selbst habe mein Gewicht um über 30 Kilo reduziert und durfte dabei essen, was ich wollte. Cool, oder?

- Es fühlt sich so wunder bar an, wenn ich 85 Kilo wiege.
- Ich finde es genial, 85 Kilo zu wiegen.
- Ich betrachte mich gerne mit meinen 85 Kilo.
- Die Vorstellung: Ich wiege 85 Kilo" – ist einfach umwerfend.
- Ich liebe mich aus tiefstem Herzen, mit dem Gewicht von 85 Kilo.
- Ich gefalle meinem Partner, mit dem Gewicht von 85 Kilo.
- Es macht Spaß einzukaufen, mit dem Gewicht von 85 Kilo.
- Ich bin so beweglich und vital, mit 85 Kilo.
- Ich betrachte mich gerne im Spiegel, mit 85 Kilo.

- Ich bin voller Kraft und Power, mit dem Körpergewicht von 85 Kilo.
- Es ist klasse für mich zu wissen, endlich 85 Kilo zu wiegen.

Na, glaubst du es ist schwer, diese Aussagen zu glauben? Sicher nicht, für mich jedenfalls war jede dieser Aussagen die reine Wahrheit und nichts als die Wahrheit. Während ich die Sätze sagte, stellte ich mir die dazugehörigen Situationen bildhaft vor. Jedes Bild wurde also mit dem Gefühl der Wahrheit und dem Wohlgefühl verknüpft – das ist kre-aktives Denken!

Zusatzübungen

Für die Perfektionisten wollen wir noch einige weitere Übungen anbieten, die bei der Zielerreichung unterstützen:

- **Erstelle eine Collage**

Besorge dir einige Zeitungen und fertige eine Collage mit deinen Zielen. Hänge diese Collage dort auf, wo du täglich an deine Ziele erinnert wirst.

- **Motivations-Hörbuch**

Erstelle dir eine eigens Hörbuch mit deinen Zielaffirmationen (auch diese Wahrheits-Formulierungen von dieser Seite). Lass nach jeder Affirmation eine längere Pause, so dass die Affirmation nachgesprochen werden kann. Brenne dir diese Affirmationen dann auf CD und lege sie dann in deinen Player im Auto. Nutze die toten Zeiten der Autofahrt, höre dir deine Affirmationen an und sprech diese dann laut und kraftvoll nach.

- **Beschäftige dich mindestens 3x täglich mit deinen Zielen**

Begebe dich jeden Tag mindestens einmal in Alpha und führe dein Training durch. Du kannst während dieses Trainings bis zu zehn verschiedene Ziele programmieren. Lese dann deine Ziele einmal täglich durch, inklusive deiner Motive. Und zuletzt arbeitest du wie eben beschrieben mit deinen Affirmationen.

- **Tagebuch des Glücks**

Nehme dein A5-Buch zu Hand und notiere darin jeden Tag deine Erfolgserlebnisse. Schreibe alles auf, was dir ein gutes Gefühl gemacht hat, worauf du stolz warst und was dir gut gelungen ist. Notiere schöne Begegnungen, Überraschungen und all deine großen und kleinen Erfolge. Führe dieses Buch immer bei dir. Wann immer es dir mal nicht ganz so gut geht, dann lese in deinem Buch der Wahrheit. Tauche ein in die wunderbaren Momente deines Lebens und aktiviere mit der 17-Sekunden-Technik bereits erlebte Top-Zustände neu.

- **Ziel-Tagebuch**

Notiere in deinem A5-Buch Tagebuch alle Ziele die du erreichen möchtest. Teile jede Seite in drei Spalten. In die erste Spalte trägst du deine Wünsche ein, sobald sie dir in den Sinn kommen. In die zweite Spalte schreibst du das Datum, ab dem du mit der Ziele-Programmierung begonnen hast. In der letzten Spalte vermerkst du, wann du das Ziel erreicht hast.

Ob es sich bei deinen Zielen um einen Parkplatz handelt, eine Einladung zum Essen, ein Konzert oder ein neues Haus oder Auto. Hake dann jedes Ziel ab, das du erreicht hast. Im Laufe der Zeit wird dieses Buch deinen Glauben an dich und deine Schöpferkraft enorm stärken. Je mehr Ziele du abhaken kannst, desto größer und stärker wird dein Glaube. Wenn du deine Ziele nicht aufschreibst und abhakst, dann werden soviele Dinge selbstverständlich und du bekommst gar nicht mehr mit, wie positiv sich dein Leben verändert hat.

Schritt 5: SUNEV – Ständige und nie endende Verbesserung

Du hast nun gelernt, deinen aktuellen Standort zu lokalisieren und diesen zu akzeptieren. Du weißt was du willst und wie du deine Ziele in dein mentales Navigationssystem einprogrammieren kannst. Auch hast du gelernt, die Steuersysteme deines mentalen Navigationssystems neu zu programmieren und auf den neuesten Stand zu bringen. Nun musst du diese Arbeiten nur noch zum Abschluss bringen und losfahren – ab in Richtung Ziel! ☺

Auf deinem Weg wird die Strecke manchmal unübersichtlich. Teilweise kann es so starken Nebel oder Regen geben, dass du die Hand vor Augen nicht mehr sehen wirst. Auch ist nicht auszuschließen, dass du die eine- oder andere Umleitung fahren musst, aufgrund von Staus oder Unfällen, oder dass du mal kurzfristig auf deinem Weg zum Ziel liegen bleibst. Viele Hindernisse können dir auf deinem Weg begegnen, und sie alle sind Teil der Wegstrecke. Vertraue darauf, dass dein mentales Navigationssystem dich immer sicher und zuverlässig ans Ziel bringen wird. Manchmal wird dir dein Navi mitteilen: »Du hast die Route verlassen, bitte wenden«. Folge dann der Stimme deines mentalen Navigationssystems und erinnere dich, dass es nur eine Sache gibt, die du nie tun darfst:

Drehe niemals um, sondern gehe den Weg bis zum Ziel!

Lese immer mal wieder in dieser »Bedienungsanleitung für dein mentales Navigationssystem«, denn manchmal ist es notwendig, noch etwas nachzuarbeiten. Immer wieder wirst du mit Stolpersteinen konfrontiert werden, die es zu überwinden gilt.

Zwischenstationen auf deinem Weg

Station 1: Begeisterung / Euphorie / Enthusiasmus

Wenn wir beginnen uns zu verändern, erleben wir zumeist die Stufe der Begeisterung, der Euphorie, der Hoffnung und Zuversicht. Auslöser für diese Phase ist zumeist ein äußerer Impuls, wie z.b. ein Buch, Seminar oder ein Ziel, das uns begeistert und beflügelt.

Station 2: Ernüchterung / Zweifel / Skepsis

Wenn wir dann begonnen haben, unser Leben wirklich zu verändern, tauchen schnell Zweifel auf:

- Kann ich das überhaupt?
- Habe ich genügend Potenzial?
- Weshalb sollte das ausgerechnet mir gelingen?

Alte Glaubensmuster werden aktiv. Tatsache ist, dass alles was du heute kannst, irgendwann von dir erlernt wurde. Alles was du nicht kannst, hast du nicht erlernt, oder aus Mangel an Interesse nicht ausreichend lange geübt. Ganz gleich ob es sich um Schwimmen, Mathematik oder einen Beruf handelt. Zuerst erscheint alles schwer (man kennt es ja noch nicht), aber wenn du weißt, was du willst und dein Ziel stimmig ist, dann lohnt sich auch die Anstrengung.

Station 3: Erkenntnisse

In deiner Erkenntnisphase verstehst du, wie nun alles funktioniert. Du weißt, was du tun musst und auch, weshalb andere Menschen es geschafft haben. Du durchschaust die Prinzipien erfolgreicher Menschen und kannst es ihnen gleich tun.

Station 4: Alte Gewohnheiten bremsen dich

Obwohl du dir vornimmst, die Dinge richtig zu machen, gelingt es dir nicht. Alte Gewohnheiten bremsen dich immer mal wieder aus und du fällst zurück in alte Muster – trotz besseren Wissens. Genau jetzt gilt es aber, weiter zu machen und sich zu diszipinieren. Denke daran, dieser Schritt gehört einfach dazu! Wenn dir schon auffällt, dass du wieder deiner alter Gewohnheit Platz gegeben hast, dann bist du schon viel weiter als du denkst, denn dir ist jetzt dein Verhalten BEWUSST. Früher hast du dieses Gewohnheitsmuster noch nicht einmal realisiert. Wichtig ist jetzt nur, das alte Muster zu erkennen und durch regelmäßiges Training zu verändern.

Station 5: Erfolgserlebnisse

Du machst nun immer häufiger die Erfahrung, wie du selbst Erfolg verursachen kannst und immer mehr Erfolgserlebnisse pflastern deinen Weg. Immer mehr werden dir deine antrainierten Verhaltensmuster zur Gewohnheit und bald zu einem unbewussten Erfolgs-Muster.

Station 6: Misserfolge / Rückschläge / Fehler

Diese Stufe wird zu deiner Lehrreichsten, denn du wirst immer mal wieder sogenannte Fehler machen, Misserfolge und

Rückschläge erleben. Genau hier zeigt sich, ob du das Erfolgs-prinzip verstanden hast und dich erinnerst, dass jeder Fehler, jeder Rückschlag und jeder Misserfolg dir genau aufzeigt, was noch fehlt, damit du Erfolg haben kannst. Probleme und Misserfolge sind der Motor der Evolution und nichts zieht größeren Erfolg nach sich, als die Erkenntnisse aus Fehlern, Misserfolgen und Rückschlägen. Dir wird bewusst, dass »Erfolg einen Preis« hat, den du zu bezahlen bereit sein musst. Du wirst erkennen, dass du zuerst GEBEN musst, um zu ERHALTEN. Das ist der Preis!

Was aber solltest du geben? Besser wäre vielleicht, Auf-GEBEN, denn du solltest deine Gewohnheiten, deine Ängste, deinen Neid, deine Missgunst und all deine sonstigen Mangelgedanken aufgeben. Sie sind die eigentlichen Hindernisse in deinem Leben.

Station 7: Aus Fehlern, Misserfolgen und Rückschlägen lernen
Wenn du nach der 6. Phase aufgibst, dann hast du den Erfolg auch nicht verdient. Wenn du weitermachst, dann wirst du nach einer Zeit erkennen, dass du durch den Fehler, durch den Misserfolg oder durch den Rückschlag erst besser geworden bist.

All diese Stationen gehören einfach dazu. Ist es nicht großartig zu wissen, dass alle Menschen die Erfolg haben, alle 7 Phasen durchlaufen haben? Tu es ihnen gleich und reihe dich ein in diese Riege der bewussten Schöpfer. Dabei wünsche ich dir vor Herzen viel Erfolg!

Und nun, handle klug!

In beinahe all meinen Seminaren erzähle ich zum Schluss die folgende Geschichte. Ich weiß nicht mehr, von wem ich diese zur ersten Mal gehört habe oder wer mir diese an die Hand gab. In jedem Fall möchte ich der Person und dem Verfasser Dank aussprechen, für diese wunderbare Metapher. Gerne erwähne ich dich, solltest du dich bei mir melden. ☺

Es gab einmal ein Königreich, das für den Reichtum und das Wissen seiner Bewohner weit über die Grenzen hinaus bekannt war. Entscheidend für das unglaubliche Wachstum und den überdurchschnittlichen Fortschritt war ein alter, sehr weiser Mann, der sich jeden Sonntag auf dem Marktplatz den Fragen des Volkes stellte. Voller Aufmerksamkeit, Weisheit und Liebe beantwortete er so über Jahre hinweg jede einzelne Frage des Lebens.

Einen störte das jedoch gewaltig, den jungen Prinzen. Er wollte derjenige sein, der das Volk führte – und so ärgerte er sich Tag und Nacht über den Einfluss des alten Mannes und übersah dabei die Vorteile, die ihm und seinem Volk diese Weisheit brachte. Gefangen von dem Gedanken, den alten Mann einmal so richtig bloß zu stellen, suchte er ausdauernd nach einer passenden Gelegenheit, und tatsächlich. Eines Tages, entdeckte der Prinz auf dem Basar einen Vogel, der so klein war, dass er in seine geschlossene Hand passte. Der Prinz kaufte den Vogel und beschloss, am kommenden Sonntag den alten Mann so richtig zu blamieren, indem er ihm folgende Frage stellen wollte: „Das, was ich in meiner Hand habe, ist das tot, oder lebt es?" Würde der alte Mann sagen „es lebt" würde er die Hand zudrücken und den Vogel tot zu Boden fallen lassen. Würde er sagen „es wäre tot" würde er die Hand öffnen, und den Vogel fliegen lassen. Eine nicht zu beantwortende Frage und damit eine scheinbar ausweglose Situation.

Der nächste Sonntag kam und das Volk war versammelt. Es waren mehr gekommen als jemals zuvor, denn es hatte sich herum gesprochen, dass der Prinz erscheinen wird.

Nachdem der Mann wieder einmal alle Fragen des Volkes auf liebevolle Art und Weise beantwortet hatte, meldete sich, ja fast spöttisch, der Prinz zu Wort und sagte: „Hey, du alter weiser Mann, der Du auf alle Fragen eine Antwort und für alle Probleme eine Lösung hast, sag mir: „Ist das, was ich in meiner Hand halte tot, oder lebt es noch?" Das Volk wurde unruhig, da Sie die brisante Situation erkannten. Viele Menschen, die gerade noch an den alten Mann glaubten, stärkten auf einmal dem Prinzen den Rücken. Weitere suchten sich einen Platz, von dem aus Sie je, nach Ausgang der Situation, in die eine oder andere Richtung flüchten konnten. Und dann waren da noch einige Wenige, die dem alten weisen Mann zur Seite standen und weiterhin voller Zuversicht und Vertrauen an ihn glaubten.

Der alte Mann behielt bei all dem seine bekannt ruhige Art. Er erhob sich von dem Stein auf dem er saß, schaute dem Prinzen demütig aber bestimmt in die Augen, und antwortete liebevoll: „Das, was Du in Deiner Hand hältst, ist ganz alleine das, was Du daraus machst."

Das was du in deinen Händen hältst, ist das was du daraus machst. Ich wünsche dir, dass du nun etwas ganz Besonderes aus deinem Leben machst, du weißt ja - es liegt alleine in deiner Hand. Träume nicht weiter dein Leben, sondern lebe deine Träume.

Viel Glück und Erfolg auf deinem Weg, möge dir nur noch das Beste zu teil werden!

Herzlichst
Dein
Volker Knehr

Leserservice

Möchtest du tiefer in das Thema dieses Buches einsteigen und Volker Knehr einmal live erleben? Knehr Seminare bietet die folgenden Seminare und Ausbildungen mit Volker Knehr an:

Seminare:

☐ **Das IKS Mastertraining**
Mentales Persönlichkeits- und Erfolgstraining

☐ **Das mentale Navigationssystem**
Für mehr Glück und Erfolg in allen Lebenslagen

☐ **Das Facereading**
In Gesichtern lesen können

☐ **QC Quantum Clearing**
Befreiung von mentalen, emotionalen und physische Leiden

Ausbildungen:

☐ **Ausbildung zum Dipl. Mental- und Persönlichkeitstrainer und Coach**
Intensive Ausbildung über 35 Tage und ca. 380 Stunden

Informationen erhältst du am schnellsten und einfachsten über:
www.knehr-seminare.de
www.quantum-clearing.de
www.das-mentale-navigationssystem.de
www.trainer-coach-ausbildung.de